MANFRED HIEBER

Wettbewerbspolitische Aspekte der Neuregelung des haftenden Eigenkapitals der Sparkassen im Bankenaufsichtsrecht

Untersuchungen über das Spar-, Giro- und Kreditwesen

Abteilung A: Wirtschaftswissenschaft

Herausgegeben von Fritz Voigt

Band 116

Wettbewerbspolitische Aspekte der Neuregelung des haftenden Eigenkapitals der Sparkassen im Bankenaufsichtsrecht

Von

Prof. Dr. Manfred Hieber
Universität Bonn

DUNCKER & HUMBLOT / BERLIN

Redaktion: Dr. Hermann Witte

Gedruckt 1982 bei Berliner Buchdruckerei Union GmbH., Berlin 61
Printed in Germany

ISBN 3 428 05263 3

Inhaltsverzeichnis

Einleitung

Die ‚wettbewerbspolitische Diskussion' im Zusammenhang mit der Frage nach einer sachgerechten Neuregelung des haftenden Eigenkapitals der Kreditinstitute im Bankenaufsichtsrecht vollzieht sich auf zwei Ebenen.

Auf einer ersten Ebene steht das Problem zur Debatte, ob und inwieweit es überhaupt zweckmäßig ist, bei der Formulierung bankenaufsichtlicher Normen, die gewerbepolizeilichen Zielen dienen, wettbewerbspolitische Argumente in die Überlegungen einzubeziehen. Diese Debatte vollzieht sich im Vorfeld der Diskussion wettbewerblicher Auswirkungen unterschiedlicher Neuregelungen des § 10 Abs. 2 KWG. Der Bericht der Studienkommission ‚Grundsatzfragen der Kreditwirtschaft' — im Folgenden: Bericht der Bankenstrukturkommission — hat sich mit dieser Frage nicht befaßt. Diese Frage muß aber insbesondere deshalb gestellt werden, weil nicht ausgeschlossen werden kann, daß die Berücksichtigung wettbewerbspolitischer Aspekte die Durchsetzung sachgerechter gewerbepolizeilicher Regelungen verhindert[1]. Wir werden uns mit dieser Frage im Abschnitt I befassen.

Auf einer zweiten Ebene wird die Frage diskutiert, welche wettbewerblichen Auswirkungen als Folge einer Durchsetzung der verschiedenen Vorschläge zu § 10 Abs. 2 KWG für die einzelnen Gruppen von Kreditinstituten zu erwarten und wie diese wettbewerbspolitisch zu beurteilen sind. Im Mittelpunkt dieser Diskussion steht die Frage nach einem akzeptablen wettbewerbspolitischen Konzept und dem mit diesem Konzept implizierten Begriff der „Wettbewerbsneutralität", der die Grundlage für eine Bestimmung sowohl der Wettbewerbsstellung der verschiedenen Gruppen von Kreditinstituten unter den gegenwärtigen Bedingungen als auch der wettbewerbspolitischen Auswirkungen der verschiedenen Vorschläge zu § 10 Abs. 2 KWG für diese Institutsgruppen bilden kann.

Unser Interesse gilt in erster Linie den Auswirkungen der für öffentlich-rechtliche Sparkassen vorgeschlagenen Neuregelungen des haftenden Eigenkapitals auf die Wettbewerbsstellung dieser Institute. Grundlage für diese Untersuchung bildet die Erarbeitung eines wettbewerbs-

---

[1] Vgl. Wolfgang Stützel, Bankpolitik heute und morgen, Frankfurt/Main 1964, S. 38.

politischen Konzeptes im Abschnitt II, das die Basis für eine Bestimmung der Wettbewerbsstellung öffentlich-rechtlicher Sparkassen unter den gegenwärtig geltenden Regelungen im Abschnitt III liefert. Davon ausgehend werden die wettbewerbspolitischen Konsequenzen einer Durchsetzung der verschiedenen Vorschläge für eine Neuregelung des § 10 Abs. 2 KWG für Sparkassen im Abschnitt IV einer eingehenden Untersuchung unterzogen.

I. Die Frage der Zweckmäßigkeit einer Berücksichtigung wettbewerblicher Argumente bei der Neuregelung des haftenden Eigenkapitals im Bankenaufsichtsrecht

1. Die Praxis der Diskussion um KWG-Regelungen

Die Bankenstrukturkommission ist der Ansicht, daß die Reformvorschläge zu § 10 KWG nicht nur unter bankenaufsichtsrechtlichen Gesichtspunkten untersucht und beurteilt werden dürfen. Es müßten auch die wettbewerbspolitischen Auswirkungen der verschiedenen Vorschläge bedacht werden. Nur solche Vorschläge sollten zugelassen werden, die im Ergebnis als wettbewerbsneutral angesehen werden könnten[1]. Die Bankenstrukturkommission hält die Berücksichtigung wettbewerblicher Auswirkungen bei der Neuregelung des § 10 Abs. 2 KWG demnach nicht nur für zweckmäßig, sondern sogar für zwingend geboten.

Die Bankenstrukturkommission steht mit dieser nicht weiter begründeten Vorstellung in einer Tradition, die schon die Formulierung des KWG 1961 maßgeblich beeinflußte. So berichtet Stützel z. B., daß im ersten Entwurf zum KWG 1961 bankwirtschaftlich zutreffend die Gewährträgerhaftung bei öffentlich-rechtlichen Kreditinstituten im Zusammenhange mit der Messung des haftenden Eigenkapitals gebührend berücksichtigt worden sei. ‚Die Aufgabe dieser klaren Position zugunsten der jetzigen Fiktion', so Stützel, sei offensichtlich dem Umstand zuzuschreiben gewesen, daß mit den Sparkassen konkurrierende Gruppen im Kreditgewerbe in der gebührenden Berücksichtigung der Haftung bei der Eigenkapitalberechnung einen Wettbewerbsvorteil der Sparkassen gesehen hätten[2]. Dies macht deutlich, daß die Regelungen des KWG 1961 durch wettbewerbspolitische Erwägungen maßgeblich beeinflußt worden sind.

Auch im Bericht der Bundesregierung über die Untersuchung der Wettbewerbsverschiebungen im Kreditgewerbe aus dem Jahre 1968[3]

[1] Bericht der Bankenstrukturkommission, Bonn 1979, Ziffer 1125, S. 354.

[2] Vgl. hierzu Wolfgang Stützel, Die Aufgaben der Banken in der Wirtschaftsordnung der Bundesrepublik und die demgemäß anzustrebende Organisation des Bankenapparates, S. 150.

[3] Vgl. Bericht der Bundesregierung über die Untersuchung der Wettbewerbsverschiebungen im Kreditgewerbe und über die Einlagensicherung (im folgenden: Bericht der Enquêtekommission), Bonn 1968.

werden im Zusammenhang mit bankenaufsichtsrechtlichen Regelungen wettbewerbspolitische Argumente bemüht. Dies geschieht, wenn die Untersuchungskommission der Bundesregierung hervorhebt, die Anerkennung des „freien Vermögens" von Einzelbankiers und persönlich haftenden Gesellschaftern von Kreditinstituten sowie die Berücksichtigung eines „Haftsummenzuschlags" bei Kreditgenossenschaften als haftendes Eigenkapital seien sachlich gerechtfertigt und wettbewerblich nicht zu beanstanden; die Berücksichtigung öffentlicher Haftung für öffentlich-rechtliche Kreditinstitute hingegen hätte Wettbewerbsverschiebungen zugunsten dieser Kreditinstitute zur Folge. Eine Anerkennung von Haftungszuschlägen als haftendes Eigenkapital bei den öffentlich-rechtlichen Kreditinstituten käme deshalb nicht in Betracht[4].

In der Praxis, so zeigt sich also, wurde die Berücksichtigung wettbewerbspolitischer Aspekte bei der Formulierung sachgerechter Regelungen des Bankenaufsichtsrechts in der Vergangenheit stets für geboten erachtet.

2. Kritische Argumente im Zusammenhang mit der Berücksichtigung wettbewerbspolitischer Argumente bei der Neuformulierung des § 10 Abs. 2 KWG

Das Verfahren, bankenaufsichtsrechtliche Regelungen auch nach ihren wettbewerblichen Auswirkungen zu beurteilen und ihre Anerkennung vom wettbewerbspolitischen Urteil abhängig zu machen, ist in der Vergangenheit immer wieder auf Kritik gestoßen. Die Kritiker fordern, die bei den einzelnen Vorschlägen zu § 10 Abs. 2 KWG zu erwartenden Konsequenzen für die Wettbewerbsstellung der einzelnen Gruppen von Kreditinstituten bei der Formulierung der Regelungen unberücksichtigt zu lassen.

Zur Begründung dieser Forderung werden insbesondere drei Argumente vorgebracht:

— Bei einem an Effizienzkriterien ausgerichteten Begriff der Wettbewerbsneutralität müßten die wettbewerblichen Auswirkungen sachgerechter Reformvorschläge im Interesse optimaler Allokation der Ressourcen akzeptiert werden.

— Durch eine Berücksichtigung wettbewerbspolitischer Argumente bei der Formulierung bankenaufsichtlicher Normen werde die Durchsetzung sachgerechter Regelungen im Sinne von Regelungen, die dem gewerbepolizeilichen Ziel des Gläubigerschutzes gerecht werden, gefährdet.

[4] Bericht der Enquêtekommission, S. 69 ff.

— Die Berücksichtigung wettbewerbspolitischer Argumente beinhalte die Gefahr einer Einebnung struktureller Besonderheiten der verschiedenen Gruppen von Kreditinstituten, führe auf diese Weise zu einer Einschränkung der Vielfalt im deutschen Kreditgewerbe und gefährde außerdem die Wahrnehmung von im öffentlichen Interesse liegenden Aufgaben.

Diese Argumente sind im folgenden zu würdigen.

a) Gruppen-, insbesondere rechtsformspezifische Wettbewerbswirkungen der Regelungen zu § 10 Abs. 2 KWG unter effizienzpolitischen Gesichtspunkten

Die Kritik an der Berücksichtigung wettbewerblicher Argumente bei der Formulierung der Regelungen zu § 10 Abs. 2 KWG geht davon aus, daß im Sinne bankenaufsichtlicher Zielsetzung sachgerechte Regelungen, die den gruppen- insbesondere rechtsformspezifischen Unterschieden Rechnung tragen, hinsichtlich ihrer wettbewerblichen Auswirkungen im Interesse einer bestmöglichen Allokation der Ressourcen hingenommen werden müßten, wettbewerbspolitisch also irrelevant seien. So wie niemand in den Vorteilen der Aktienbank bei der Beschaffung von Eigenkapital am Markt für Risikokapital eine regulierungsbedürftige Wettbewerbsverzerrung zugunsten der Aktienbank sehen könne, diese Vorteile vielmehr den ‚natürlichen Leistungsbedingungen' der Aktienbank zugerechnet werden müßten, die diese aus allokationspolitischen Gründen zur Geltung bringen müßte, so seien auch Regelungen des haftenden Eigenkapitals im Bankenaufsichtsrecht, die den rechtsformspezifischen Haftungsbedingungen angemessen Rechnung trügen, als Ausdruck der ‚natürlichen Leistungsbedingungen' der jeweiligen Institutsgruppen anzusehen und deshalb wettbewerbspolitisch unbeachtlich. Man müsse also die wettbewerblichen Auswirkungen sachgerechter Regelungen zu § 10 Abs. 2 KWG, die nur den strukturellen Besonderheiten der verschiedenen Gruppen von Kreditinstituten Rechnung trügen, akzeptieren, da sonst die Steuerungs- und Auslesefunktion des Leistungswettbewerbs im kreditwirtschaftlichen Bereich beeinträchtigt werde.

Diese Argumentation macht zwei kritische Anmerkungen erforderlich. Die vorgetragene Überlegung ist vom Grundsatz her sicherlich korrekt und es wäre wünschenswert, wie man hinzufügen möchte, daß diesem Umstande in der Diskussion um eine Neuformulierung der KWG-Regelung zu § 10 KWG stärker Rechnung getragen würde. Die Argumentation gilt aber nicht ohne Ausnahmen. Eine dieser Ausnahmen bezieht sich auf Formulierungen, das haftende Eigenkapital öffentlich-rechtlicher Kreditinstitute betreffend, in unserem Falle insbesondere auf Regelungen, die für die öffentlich-rechtlichen Sparkassen in Betracht gezogen werden, und dies aus zwei Gründen:

(1) Die Sparkassen sind, wie andere öffentlich-rechtliche Kreditinstitute, auf allen Bankleistungsmärkten, auf denen sie tätig sind, in den Wettbewerb mit privaten und genossenschaftlichen Kreditinstituten einbezogen und müssen sich den Bedingungen dieser Märkte stellen. Dies gilt nicht für den Markt für Risikokapital. Die Eigenkapitalversorgung der Sparkassen erfolgt nicht auf dem Wege über eine Inanspruchnahme des Marktes für Risikokapital und ist deshalb von den Konditionen dieses Marktes, denen die privaten und genossenschaftlichen Kreditinstitute unterworfen sind, unmittelbar unabhängig. Die Versorgung der Sparkassen mit Risikokapital ist damit der Gesetzlichkeit marktwirtschaftlicher Allokationsprozesse direkt entzogen. Da die Geschäftspolitik der Sparkassen jedoch von ihrer Eigenkapitalversorgung und natürlich auch von den Regelungen, die das haftende Eigenkapital betreffen, mitbestimmt wird und von der Geschäftspolitik Einflüsse auf die Kredit- und Depositenmärkte, damit auf die Konditionen aller Bankleistungsmärkte und auch auf die Konditionen des Marktes für Risikokapital ausgehen, ist die Eigenkapitalversorgung und sind die Regelungen in bezug auf § 10 KWG, die die Sparkassen betreffen, in ihrer wettbewerblichen Auswirkung relevant und wettbewerbspolitisch von Bedeutung[5]. Dies ist der eine Grund dafür, daß bei der Neuregelung des § 10 Abs. 2 KWG, soweit sie öffentlich-rechtliche Sparkassen betrifft, wettbewerbspolitische Auswirkungen berücksichtigt werden müssen.

(2) Ein zweiter Grund steht mit dem Umstand in Zusammenhang, daß die Sparkassen nach ihrem eigenen Verständnis und den Vorstellungen ihrer Träger im öffentlichen Interesse liegende effizienzpolitische ‚Korrekturfunktionen' wahrzunehmen haben. Danach gehört es nämlich zu ihren Aufgaben, externe Nachteile, die unter anderem auch Folge privater kreditwirtschaftlicher Betätigung sein können und mit der Förderung räumlicher Konzentrationstendenzen zusammenhängen, soweit im kreditwirtschaftlichen Rahmen möglich zu korrigieren und für ein angemessenes Angebot des öffentlichen Gutes eines ‚flächendeckenden Leistungswettbewerbs' zu sorgen[6]. Die wirksame Wahrnehmung dieser Aufgaben setzt das Vorhandensein gewisser geschäftspolitischer Entfal-

---

[5] Man hat mit guten Gründen die Ansicht vertreten, wenn solche wettbewerblichen Aspekte als irrelevant angesehen würden, gäbe es keinen Grund für eine Regelung des haftenden Eigenkapitals öffentlich-rechtlicher Kreditinstitute im KWG, da sich diese Institute auf eine unzweifelhafte und in dem Umfange unbeschränkte Haftung öffentlicher Träger stützen könnten.

[6] Vgl. hierzu Helmut Geiger, Die Struktur der deutschen Sparkassenorganisation vor dem Hintergrund der Bankenstrukturdebatte, in: ‚Lernen und Entscheiden', Hrsg. Deutscher Sparkassen- und Giroverband e. V. Bonn, Stuttgart 1978, S. 155 ff.

tungsmöglichkeiten auf Seiten der Sparkassen voraus. Da die Regelungen des § 10 Abs. 2 KWG in Verbindung mit anderen bankenaufsichtlichen Bestimmungen, insbesondere der Regelung des Grundsatzes I, die Geschäftsentfaltungsmöglichkeiten der Sparkassen maßgeblich beeinflussen, sind Regelungen, das haftende Eigenkapital betreffend, auch aus diesem Grunde effizienzpolitisch von Bedeutung, ist den wettbewerbspolitischen Auswirkungen dieser Regelungen Rechnung zu tragen[7].

b) Die Gefährdung sachgerechter bankenaufsichtsrechtlicher Lösungen als Folge einer Berücksichtigung wettbewerbspolitischer Argumente

Gelangt man zu dem Schluß, daß wettbewerbspolitische Argumente im Zusammenhang mit KWG-Regelungen Beachtung verdienen müssen, so ist damit jedoch noch nicht gesagt, daß diese Argumente in den Regelungen des KWG auch Ausdruck zu finden haben. Vielmehr wäre sehr wohl denkbar, unerwünschten wettbewerbspolitischen Auswirkungen der verschiedenen Regelungen zu § 10 Abs. 2 KWG im Rahmen anderer gesetzlicher Bestimmungen Rechnung zu tragen. Ein solches Vorgehen wird dann nahegelegt, wenn die Berücksichtigung wettbewerbspolitischer Argumente sachgerechte bankenaufsichtliche Lösungen verhindert oder gefährdet.

Schon Stützel hat in seinem Gutachten aus dem Jahr 1964 auf die Gefahren hingewiesen, die sich aufgrund einer Verquickung des gewerbepolizeilichen Zieles Einlegerschutz mit anderen Zielen der Wirtschaftspolitik ergeben. Ein solches Vorgehen sei in bezug auf die Verwirklichung anderer wirtschaftspolitischer Ziele untauglich und in bezug auf das eigentliche Ziel „gefährlich, weil die Effizienz der Instrumente auf ihrem eigentlichen Feld (Einlegerschutz) notwendig leiden“[8] müsse. Die Stützelsche Argumentation findet eine Unterstützung durch Welcker, wenn dieser betont, „es hieße die Ziele des KWG unangemessen zu beeinträchtigen, wollte man bei konkreten Normen dieses Gesetzes wettbewerbspolitische Gesichtspunkte berücksichtigen“[9].

Betrachtet man die vorgeschlagenen Lösungen für eine Reform des § 10 KWG, so finden sich in der Tat Beispiele, die die Stützelsche Argumentation unterstützen.

---

[7] Vgl. hierzu auch die Vorstellungen der Enquêtekommission der Bundesregierung, insbesondere S. 41 f.

[8] Wolfgang Stützel, Bankpolitik heute und morgen, S. 38.

[9] Johannes Welcker, Neuordnung der Bankenaufsicht, Frankfurt 1978, S. 77; ferner Ulf R. Siebel, Eigenkapital und Quasi-Eigenkapital von Kreditinstituten, Frankfurt 1980, S. 33.

Als ein Beispiel läßt sich die geforderte Aberkennung von Haftsummenzuschlägen als haftendes Eigenkapital der Kreditgenossenschaften anführen. Die Bankenstrukturkommission lehnt die weitere Anerkennung von Haftsummenzuschlägen auch aus wettbewerbspolitischen Erwägungen heraus ab und plädiert dafür, die Berücksichtigung der Haftsummenzuschläge als haftendes Eigenkapital im Laufe einer Übergangsfrist abzubauen.

Die Folgen einer solchen Aberkennung für die Verwirklichung des gewerbepolizeilichen Ziels lassen sich leicht abschätzen. Man geht kaum fehl in der Annahme, daß die Genossenschaften mit unbeschränkter oder beschränkter Nachschußpflicht ihren Mitgliedern in Zukunft werden kaum mehr plausibel machen können, weshalb Nachschußpflichten aufrechterhalten bleiben sollen. Deshalb muß damit gerechnet werden, daß es im Laufe der Zeit zur Beseitigung der Nachschußpflichten kommen wird. Damit aber entfällt ein aus der Sicht der Enquêtekommission der Bundesregierung z. B. bislang den Einlegerschutz verstärkendes Potential[10]. Die Aberkennung von Haftsummenzuschlägen hat in diesem Falle einen den Intentionen der Initiatoren einer Gesetzesnovellierung entgegengerichteten Effekt.

Der Gefahr, daß sachgerechte KWG-Regelungen nicht erreicht werden, kann man nach den Vorstellungen der Kritiker dadurch begegnen, daß man die wettbewerbspolitischen Auswirkungen der verschiedenen Lösungen zu § 10 Abs. 2 KWG bei der Formulierung dieser Regelungen unberücksichtigt läßt und diese Regelungen ausschließlich unter dem gewerbepolizeilichen Ziel des Einlegerschutzes betrachtet. Die unerwünschten wettbewerbspolitischen Auswirkungen sind dann im Rahmen anderer gesetzlicher Regelungen zu behandeln.

Ein solches Verfahren ist dann zweckmäßig, wenn (1) in den die wettbewerbspolitischen Verhältnisse regelnden Bestimmungen Instrumente zur Verfügung stehen, die, wenn im Zusammenhang mit der KWG-Regelung zum Einsatz gebracht, dieses gewerbepolizeiliche Spezialgesetz ungebührlich überlasten würden (man denke in diesem Zusammenhang an den Einsatz steuerlicher oder subventionspolitischer Maßnahmen) und (2) von wettbewerbspolitischen Maßnahmen zur Neutralisierung unerwünschter Wettbewerbswirkungen der verschiedenen Reformmaßnahmen Rückwirkungen auf die Wirksamkeit der Gläubigerschutzregelungen nicht ausgehen.

Würde allerdings mit solchen Rückwirkungen gerechnet werden müssen, wäre im Interesse einer rationalen Wirtschaftspolitik, sofern man den Zielen der Bankenaufsicht nicht absolute Priorität einräumt, den

[10] Bericht der Enquêtekommission, S. 69.

wettbewerbspolitischen Implikationen der verschiedenen Gläubigerschutzregelungen zu § 10 Abs. 2 KWG unmittelbar bei der Formulierung dieser Regelungen Rechnung zu tragen.

Man wird wohl im allgemeinen davon ausgehen können, daß es möglich ist, sachgerechte Einlegerschutzregelungen zu formulieren und deren Wirksamkeit zu gewährleisten sowie gleichzeitig unerwünschte Wettbewerbswirkungen dieser Regelungen zu korrigieren. In diesem Falle ist es dann in der Tat zweckmäßig, die Diskussion der Reformvorschläge zu § 10 KWG unmittelbar nicht durch wettbewerbspolitische Argumente zu belasten.

c) Die Gefährdung struktureller Besonderheiten der Kreditinstitute als Folge einer Berücksichtigung wettbewerbspolitischer Argumente

Zur Begründung der Forderung, wettbewerbspolitische Argumente bei der Diskussion um eine Neufassung der Bestimmungen des § 10 unberücksichtigt zu lassen und die wettbewerbspolitischen Probleme gegebenenfalls in anderem Zusammenhang zu regeln, wird schließlich das Argument vorgebracht, eine Berücksichtigung wettbewerbspolitischer Argumente in der Diskussion um die Reform des § 10 gefährde die strukturelle Vielfalt des Kreditgewerbes. Die Berücksichtigung wettbewerbspolitischer Überlegungen begünstige nämlich solche KWG-Regelungen, die auf eine Einebnung der strukturellen Unterschiede der verschiedenen Gruppen von Kreditinstituten hinausliefen. Der Grund dafür wird darin gesehen, daß sich eine Beurteilung der betreffenden Regelungen unter dem Gesichtspunkt der „Wettbewerbsneutralität" um so leichter durchführen und vertreten läßt, je geringer die strukturellen Unterschiede zwischen den verschiedenen Institutsgruppen ausfallen. Daher besteht eine Tendenz, über die Favorisierung bestimmter Reformansätze einem Abbau der strukturellen Unterschiede Vorschub zu leisten.

Daß diese Überlegungen nicht unbegründet sind, zeigt sich an der Argumentation, die die Bankenstrukturkommission den für die Sparkassen wichtigen Reformvorschlägen zuteil werden läßt. So lehnt die Kommission eine Anerkennung von Haftungszuschlägen als haftendes Eigenkapital für Anstaltslast und Gewährträgerhaftung, zwei wichtigen strukturellen Besonderheiten öffentlich-rechtlicher Kreditinstitute, nach vorherrschendem Eindruck nicht in erster Linie aus Gründen ab, die mit dem gewerbepolizeilichen Ziel zusammenhängen. Sie betont sogar, daß die Haftung der Gewährträger und ihre Bonität jedem Zweifel enthoben seien[11]. Die Ablehnung der Anerkennung erfolgt jedenfalls teil-

[11] Bericht der Bankenstrukturkommission, Ziffer 1205, S. 381.

weise deshalb, weil Haftungszuschläge den Sparkassen nach Ansicht der Bankenstrukturkommission ungerechtfertigte Wettbewerbsvorteile eröffnen würden.

Stattdessen zieht die Kommission in Betracht, den Sparkassen Möglichkeiten einer Eigenkapitalbeschaffung auf dem Wege über bürgerschaftliche Beteiligungen zu öffnen[12]. Sie weist in diesem Zusammenhang zwar darauf hin, daß durch bürgerschaftliche Beteiligungen eventuell strukturelle Änderungen auf der Seite der Sparkassen in die Wege geleitet würden, sie sieht es aber nicht — anders als bei den wettbewerbspolitischen Argumenten — als ihre Aufgabe an, denkbare strukturelle Auswirkungen zu bewerten[13].

An diesem Beispiel wird deutlich, daß die Berücksichtigung wettbewerbspolitischer Argumente, in diesem Falle jedenfalls, nicht nur geeignet ist, sachgerechte Lösungen in bezug auf das gewerbepolizeiliche Ziel zu verhindern, sondern zudem noch die Gefahr einer Einebnung struktureller Unterschiede zwischen den verschiedenen Gruppen von Kreditinstituten heraufbeschwört. Denn es läßt sich natürlich nicht ausschließen, daß eine Beteiligung Privater an dem zu bildenden Stammkapital der Sparkassen auf Dauer die Beseitigung von Anstaltslast und Gewährträgerhaftung zur Folge hat[14] und eine Wahrnehmung der im öffentlichen Interesse liegenden Aufgaben nicht mehr gewährleistet ist[15].

Auch unter diesen Gesichtspunkten scheint es demnach zweckmäßig, wettbewerbspolitische Argumente im Zusammenhang mit KWG-Regelungen unberücksichtigt zu lassen und den strukturellen Unterschieden der einzelnen Gruppen von Kreditinstituten bei der Formulierung sachgerechter Lösungen zu § 10 Abs. 2 KWG gebührend Rechnung zu tragen.

3. Ergebnis

In bezug auf die Frage der Zweckmäßigkeit einer Berücksichtigung wettbewerbspolitischer Argumente in der Diskussion um die Reform des § 10 Abs. 2 KWG gelangen wir damit zu den folgenden Resultaten:

— Es gibt gute Gründe dafür, wettbewerbliche Auswirkungen, die sich bei der Durchsetzung der verschiedenen Reformvorschläge zu § 10 KWG ergeben, zu erfassen und einer Bewertung zu unterziehen. Dies

---

[12] Bericht der Bankenstrukturkommission, Ziffer 1197, S. 378.

[13] Ebenda, Ziffer 1201, S. 379.

[14] Vgl. hierzu Rudolf Holdijk, Eigenkapitalprobleme der deutschen Sparkassen, Wiesbaden 1979, S. 180 f.

[15] Vgl. hierzu Helmut Geiger, Zukunftsmodelle für öffentlich-rechtliche Banken, Börsenzeitung vom 3. 2. 1977, S. 20 sowie Fritz Grasmaier, Sparkassen diskutieren Zufuhr von Eigenkapital, Handelsblatt vom 30. 3. 1977, S. 22.

gilt insbesondere dann, wenn man wettbewerbspolitische Fragen in erster Linie unter effizienzpolitischen Gesichtspunkten sieht. Grundlage der Bewertung muß dabei allerdings ein klares und vertretbares wettbewerbspolitisches Konzept sein.

— Unabhängig davon stellt sich die Frage nach der Zweckmäßigkeit, den wettbewerbspolitischen Auswirkungen der verschiedenen Vorschläge bei der Neuformulierung des § 10 Abs. 2 KWG Rechnung zu tragen. Die Erfahrung und auch eine kritische Betrachtung der Behandlung, die die Bankenstrukturkommission den vorliegenden Reformvorschlägen zuteil werden läßt, macht deutlich, daß bei einer Verquikkung des eigentlichen gewerbepolizeilichen Ziels eines verstärkten Gläubigerschutzes mit wettbewerbspolitischen Zielen die Verwirklichung sachgerechter Lösungen gefährdet und auch eine Gewährleistung der strukturellen Unterschiede der verschiedenen Gruppen von Kreditinstituten in Frage gestellt werden kann.

— Im Interesse sachgerechter Lösungen erscheint es deshalb zweckmäßig, bei der Neuformulierung des § 10 KWG die wettbewerbspolitischen Auswirkungen einer Durchsetzung der verschiedenen Vorschläge unmittelbar zu vernachlässigen und die Korrektur unerwünschter wettbewerblicher Folgen im Zusammenhang mit anderen gesetzlichen Regelungen vorzunehmen. Dies ist immer dann angebracht, wenn das wirtschaftspolitische Problem, gleichzeitig das gewerbepolizeiliche Ziel, den Gläubigerschutz zu erhalten resp. zu verstärken und das wettbewerbspolitische Ziel, Wettbewerbsverzerrungen im Kreditgewerbe zu vermeiden, eine (rekursive) Struktur aufweist derart, daß Rückwirkungen wettbewerbspolitischer Maßnahmen auf die Wirksamkeit der Regelungen des § 10 Abs. 2 KWG ausgeschlossen werden können. Dies anzunehmen aber gibt es gute Gründe, wenn man an die Möglichkeiten des Einsatzes steuer- und subventionspolitischer Instrumente für effizienz- und wettbewerbspolitische Zwecke denkt.

II. Wettbewerbspolitische Konzeptionen zur Beurteilung der Reformvorschläge zu § 10 Abs. 2 KWG

Wenn man die Ansicht teilt, daß die wettbewerbspolitischen Auswirkungen, die sich im Falle einer Verwirklichung der Reformvorschläge zu § 10 Abs. 2 KWG ergeben, Beachtung verdienen und es in erster Linie eine Frage der Zweckmäßigkeit ist, ob Wettbewerbsgesichtspunkte bei der Neuformulierung des § 10 KWG berücksichtigt werden sollen oder nicht, so ist es notwendig, in die inhaltliche Debatte über diese wettbewerbspolitischen Auswirkungen einzutreten. Im Mittelpunkt dieser Debatte muß dabei die Diskussion der wettbewerbspolitischen Konzeptionen und die mit diesen Konzeptionen implizierten Begriffe der „Wettbewerbsneutralität“ oder in der Terminologie der Enquêtekommission der Bundesregierung der „Wettbewerbsverschiebungen“ stehen, denn diese Begriffe bilden die Grundlage der Bewertung wettbewerblicher Veränderungen als Folge einer Neuregelung des haftenden Eigenkapitals.

Die Bankenstrukturkommission hat mit ihren wettbewerbspolitischen Bewertungen der verschiedenen Reformvorschläge die Diskussion in den letzten Jahren maßgeblich bestimmt. Es ist deshalb zweckmäßig, die Auseinandersetzung mit den wettbewerbspolitischen Aussagen der Bankenstrukturkommission zum Ausgangspunkt zu machen, zumal die wettbewerbspolitischen Urteile der Kommission im politischen Entscheidungsprozeß im Zusammenhang mit der Neuformulierung des § 10 Abs. 2 KWG immer wieder eine wichtige Rolle spielen.

1. Zur Frage der wettbewerbspolitischen Konzeption der Bankenstrukturkommission

Die Bankenstrukturkommission fordert in ihrem Gutachten, nur solche Reformvorschläge bei der Neuformulierung des § 10 Abs. 2 KWG in Betracht zu ziehen, von denen festgestellt werden kann, daß sie im Ergebnis wettbewerbsneutral sind. Sie prüft die einzelnen Vorschläge unter diesem Gesichtspunkt und spricht dann, gestützt auch auf ihre wettbewerbspolitischen Urteile, Empfehlungen aus, welche der Reformvorschläge bei einer Neuregelung des § 10 KWG berücksichtigt und welche verworfen werden sollen.

Eine Überprüfung dieser wettbewerbspolitischen Urteile macht eine kritische Auseinandersetzung mit dem Begriff der „Wettbewerbsneutralität" der Bankenstrukturkommission, aufgrund dessen die Bewertung der einzelnen Vorschläge erfolgt, und damit mit der wettbewerbspolitischen Konzeption der Kommission erforderlich. Diese Auseinandersetzung zu führen, stößt allerdings auf eine Schwierigkeit. Die Bankenstrukturkommission hat es nämlich versäumt, ihr wettbewerbspolitisches Konzept offenzulegen und ihren Begriff der Wettbewerbsneutralität zu explizieren. Daraus ergibt sich ein schwerwiegendes methodisches Problem. Will man sich nicht auf die Feststellung beschränken, die wettbewerbspolitischen Aussagen der Bankenstrukturkommision zu den einzelnen Reformvorschlägen seien unbeachtlich, weil einer unmittelbaren wissenschaftlichen Nachprüfung entzogen, dann muß man den risikobehafteten Versuch unternehmen, das von der Bankenstrukturkommission verwendete Konzept aus dem Zusammenhang der wettbewerbspolitischen Aussagen zu den einzelnen Vorschlägen zu erschließen. Dazu ist eine Dokumentation der wettbewerbspolitischen Aussagen der Bankenstrukturkommission zu den einzelnen Vorschlägen erforderlich.

a) Die wettbewerbspolitischen Aussagen der Bankenstrukturkommission zu den einzelnen Reformvorschlägen

Die Bankenstrukturkommission benutzt wettbewerbspolitische Argumente im Zusammenhang mit der Frage der Anerkennung von freiem Vermögen und der Berücksichtigung von Haftsummenzuschlägen resp. Haftungszuschlägen als haftendes Eigenkapital und untersucht außerdem die wettbewerbspolitischen Auswirkungen einer Anerkennung von nachrangigem Haftkapital und von Genußscheinkapital.

(1) In bezug auf das ‚freie Vermögen' von Einzelbankiers und persönlich haftenden Gesellschaftern von Banken in der Rechtsform der offenen Handelsgesellschaft, der Kommanditgesellschaft und der Kommanditgesellschaft auf Aktien gelangt die Bankenstrukturkommission zu dem Ergebnis, dieses Vermögen solle als haftendes Eigenkapital anerkannt werden. Sie erläutert dies mit der Feststellung, eine solche Anerkennung komme einer kleinen Gruppe privater Kreditinstitute zugute, die einen schweren Stand im Wettbewerb habe. Die Zahl der betreffenden Kreditinstitute habe in den letzten Jahren ständig abgenommen. Es bestehe kein Anlaß, diese Entwicklung durch die Verweigerung einer Anerkennung freien Vermögens als haftendes Eigenkapital noch zu beschleunigen[1].

---

[1] Bericht der Bankenstrukturkommission, Ziffer 1166, S. 368.

Für die Frage nach dem Inhalt des Begriffs der ‚Wettbewerbsneutralität' der Bankenstrukturkommission sind diese Erläuterungen der Kommission unergiebig. Die Bankenstrukturkommission konstatiert, die Einzelbankiers und die Banken in der Rechtsform der OHG und der KG sowie der KGaA hätten einen schweren Stand im Wettbewerb, ohne klarzulegen, ob sie damit auf die Existenz von Wettbewerbsnachteilen bei diesen Kreditinstituten hinweisen will und worauf gegebenenfalls diese Nachteile beruhen sollen.

(2) Hinsichtlich der Haftsummenzuschläge bei den Kreditgenossenschaften kommt eine Mehrheit der Bankenstrukturkommission zu dem, auch auf wettbewerbspolitische Argumente gestützten Resultat, die Anerkennung dieser Zuschläge als haftendes Eigenkapital solle schrittweise beseitigt werden. Haftsummenzuschläge bevorzugten die Kreditgenossenschaften im Wettbewerb mit den anderen Kreditinstituten und dienten diesen als Berufung für die Forderung, allgemein Haftungszusagen Dritter als haftendes Eigenkapital anzuerkennen[2].

Bei der Begründung ihrer Ablehnung nimmt die Bankenstrukturkommision Bezug auf die Enquêtekommission der Bundessregierung. Die Enquêtekommission war (wie im Zusammenhang mit der Beurteilung einer Anerkennung des freien Vermögens), abweichend von der Bankenstrukturkommission, zu dem Ergebnis gelangt, die Anerkennung von Haftsummenzuschlägen als haftendes Eigenkapital bei Kreditgenossenschaften sei ‚sachlich gerechtfertigt und wettbewerblich nicht zu beanstanden'[3].

Die Bankenstrukturkommission sieht den Schwerpunkt der Begründung dieses Votums der Enquêtekommission in dem Hinweis auf die gesellschaftsrechtlichen Besonderheiten der Genossenschaften, „deren Mitglieder infolge ihrer oft beschränkten wirtschaftlichen Leistungskraft nur ein geringes Eigenkapital aufbringen, andererseits aber zur Stärkung des Kredits ihres Zusammenschlusses den Gläubigern durch entsprechende Gestaltung der Nachschußpflicht zusätzliche Sicherheit für die Erfüllung der genossenschaftlichen Verbindlichkeiten geben können"[4].

Die Mehrheit der Bankenstrukturkommision hält das Votum der Enquêtekommission für revisionsbedürftig. Angesichts der verstärkten wirtschaftlichen Leistungsfähigkeit der Genossenschaften, die deren Möglichkeiten zur Selbstfinanzierung verbessert hätten, und die beispielsweise auch darin zum Ausdruck komme, daß der Gesetzgeber seit

---

[2] Bericht der Bankenstrukturkommission, Ziffer 1150, S. 362.

[3] Bericht der Enquêtekommission, S. 71.

[4] Ebenda, S. 69.

1974 die Gründung von Genossenschaften ohne Nachschußpflicht zugelassen habe, sei eine Bevorzugung der Kreditgenossenschaften gegenüber anderen Kreditinstituten bei der Anerkennung von haftendem Eigenkapital immer weniger zu rechtfertigen[5]. Die Bankenstrukturkommission ist der Ansicht, die Wettbewerbsneutralität der Haftsummenzuschläge sei unter diesen Bedingungen kritischer zu beurteilen als zur Zeit der Wettbewerbsenquête und eine Anerkennung der Haftsummenzuschläge als haftendes Eigenkapital deshalb nicht länger zu befürworten.

(3) In bezug auf die Haftzuschläge für Anstaltslast und Gewährträgerhaftung als haftendes Eigenkapital bei öffentlich-rechtlichen Kreditinstituten gelangt eine Mehrheit der Bankenstrukturkommission zu dem Resultat, eine Anerkennung dieser Zuschläge sei auch aus wettbewerbspolitischen Günden nicht zu rechtfertigen. Die Bankenstrukturkommission begründet dies mit der Feststellung, die Gründe, die anläßlich der Wettbewerbsuntersuchung 1968 zur Ablehnung einer Bemessung der Anstaltslast und Gewährträgerhaftung geführt hätten, bestünden nach wie vor fort[6]. Die Bankenstrukturkommission schließt sich damit dem Votum der Enquêtekommission an. Sie ergänzt ihre Feststellung mit der Anmerkung, durch die Berücksichtigung der aus dem Steueraufkommen erwachsenen Leistungskraft der öffentlichen Gewährträger würde den Sparkassen ein nicht zu rechtfertigender Wettbewerbsvorteil eingeräumt, weil der auf bloßer Annahme beruhende Eigenkapitalteil nicht verzinst zu werden brauchte[7].

(4) In bezug auf nachrangiges Haftkapital und Genußscheinkapital kommt die Bankenstrukturkommission in ihrer Mehrheit zu einer Ablehnung der Anerkennung als haftendes Eigenkapital, wobei sich die wettbewerbspolitische Argumentation für eine Ablehnung auf die Behauptung ungerechtfertigter Wettbewerbsvorteile zugunsten öffentlich-rechtlicher Kreditinstitute stützt. Nachrangige Verbindlichkeiten könnten nicht so ausgestaltet werden, daß sie wettbewerbsneutral wirken und von allen Gruppen des Kreditgewerbes gleichermaßen verwandt werden könnten[8]. Aufgrund der Anstaltslast öffentlich-rechtlicher Kreditinstitute würden nachrangige Verbindlichkeiten bei diesen Instituten risikolos gegeben und dies hätte eine erhebliche wettbewerbliche Ungleichheit zu Lasten der privaten Kreditinstitute zur Folge. Bei diesen nämlich wären Verluste für die nachrangigen Gläubiger nicht ausgeschlossen. Dem müßten die Banken durch eine höhere Verzinsung Rechnung tragen, welche die echte Risikoübernahme ausgleiche[9].

[5] Bericht der Bankenstrukturkommission, Ziffer 686, S. 213.
[6] Ebenda, Ziffer 1207, S. 382.
[7] Ebenda, Ziffer 1207, S. 382.
[8] Ebenda, Ziffer 1186, S. 373.
[9] Ebenda, Ziffer 1189, S. 374.

Eine ähnliche Ungleichheit der Risikoübernahme würde sich außerdem aus den unterschiedlichen Einlegerschutzsystemen der drei großen Gruppen des Kreditgewerbes ergeben[10]. Würden nämlich die nachrangigen Verbindlichkeiten erst in der Liquidation der Kreditinstitute teilnehmen, so könnten sie bei Sparkassen und Kreditgenossenschaften risikolos eingegangen werden, weil bei diesen Institutsgruppen die Insolvenz von Mitgliedsinstituten durch die vorbeugende Institutssicherung ausgeschlossen sei. Anders verhielte es sich bei den privaten Kreditinstituten, bei denen die Einlagensicherung nicht den Konkurs abwende, sondern nur die Schädigung der Nichtbankeneinleger vermeide[11]. Auch hieraus resultiere eine wettbewerbliche Benachteiligung der privaten Kreditinstitute.

Die bei der wettbewerbspolitischen Bewertung des nachrangigen Haftkapitals vorgebrachten Argumente gelten nach der Feststellung der Bankenstrukturkommission uneingeschränkt auch für das Genußscheinkapital, weshalb auch eine Anerkennung des Genußscheinkapitals als haftendes Eigenkapital u. a. aus wettbewerbspolitischen Gründen abgelehnt wird[12].

b) *Alternative Thesen, das Wettbewerbskonzept der Bankenstrukturkommission betreffend*

Versucht man nun aus den wettbewerbspolitischen Aussagen der Bankenstrukturkommission zu den einzelnen Reformvorschlägen zu § 10 Abs. 2 KWG den diesen Aussagen zugrunde liegenden Begriff der „Wettbewerbsneutralität“ und das wettbewerbspolitische Konzept der Bankenstrukturkommission zu erschließen, so bietet sich an, die verschiedenen Hinweise der Kommission auf Überlegungen der Enquêtekommission aufzugreifen. Die Bankenstrukturkommission übernimmt, wie gezeigt, sowohl Begründungen als auch Ergebnisse der Enquêtekommission. Dies begründet die Vermutung, die Bankenstrukturkommission habe sich den Wettbewerbsbegriff der Enquêtekommission zu eigen gemacht und bei der Bewertung der verschiedenen Reformvorschläge zugrunde gelegt. Diese These wird gestützt durch die Feststellung des Vorsitzenden der Bankenstrukturkommission, Prof. Gessler, der ausdrücklich betont hat, es sei nicht die Aufgabe der Bankenstrukturkommission gewesen, die Wettbewerbsverhältnisse im deutschen Kreditgewerbe zu untersuchen. Die Kommission hätte sich bei ihren wettbewerbspolitischen Erwägungen vielmehr auf die amtliche Wettbewerbsuntersuchung stützen können und davon auch Gebrauch gemacht.

---

[10] Bericht der Bankenstrukturkommission, Ziffer 1190, S. 374 f.

[11] Ebenda, Ziffer 1190, S. 375.

[12] Ebenda, Ziffer 1194, S. 377.

Eine genaue Untersuchung der einzelnen wettbewerbspolitischen Aussagen der Bankenstrukturkommission läßt aber Zweifel an der Berechtigung der Behauptung aufkommen, Grundlage dieser Aussagen bilde das wettbewerbspolitische Konzept der Enquêtekommission. Auf der einen Seite, nämlich im Zusammenhang mit der Frage einer Anerkennung von Haftsummenzuschlägen als haftendes Eigenkapital bei Kreditgenossenschaften, scheint sich die Bankenstrukturkommission im wesentlichen auf das wettbewerbspolitische Konzept der Enquêtekommission zu stützen und sich die Argumente der Enquêtekommision zu eigen zu machen. Der Umstand, daß die Bankenstrukturkommission zu einem anderen Ergebnis gelangt als die Enquêtekommission, widerspricht dem nicht. Auf der anderen Seite, im Zusammenhang mit der Frage einer Anerkennung von Haftungszuschlägen als haftendes Eigenkapital bei Sparkassen hingegen, scheint die Bankenstrukturkommission, trotz eines unmittelbar anderen Eindrucks, in entscheidenden Punkten vom wettbewerbspolitischen Konzept der Enquêtekommision abzugehen und ihr Votum auf andere Argumente, die zum Teil von der Enquêtekommission ausdrücklich als wettbewerbsirrelevant zurückgewiesen worden waren, zu stützen.

Wenn diese Diagnose zutrifft, so wird damit die Vermutung begründet, daß den wettbewerbspolitischen Aussagen der Bankenstrukturkommission ein einheitliches wettbewerbspolitisches Konzept nicht zugrunde liegt und die verschiedenen Reformvorschläge zu § 10 Abs. 2 KWG unter Verwendung unterschiedlicher Begriffe von Wettbewerbsneutralität beurteilt werden. Die folgenden Ausführungen haben zum Ziel, diese Vermutung zu überprüfen.

(1) Die Bankenstrukturkommission hat im Zusammenhang mit der Frage nach einer Anerkennung von Haftsummenzuschlägen als haftendes Eigenkapital bei Kreditgenossenschaften, wie gezeigt, ausdrücklich Bezug auf die Ausführungen der Enquêtekommission genommen. Diese war abweichend von der Bankenstrukturkommission zu dem Ergebnis gelangt, eine Anerkennung von Haftsummenzuschlägen sei sachlich gerechtfertigt und wettbewerblich nicht zu beanstanden.

Zur Begründung dieses Resultats kann folgende Interpretation der Überlegungen der Enquêtekommission gegeben werden. Die Kreditgenossenschaften sind nicht gegründet worden, um möglichst hohe Gewinne zu erzielen und den Genossen hochverzinsliche Kapitalanlagemöglichkeiten zu eröffnen. Vielmehr ist es ihre Aufgabe, den Erwerb und die Wirtschaft eines abgegrenzten Mitgliederkreises durch das Angebot konditionengünstiger Bankleistungen, insbesondere zinsgünstiger Kredite, an die Mitglieder zu fördern. Dieser spezifischen Zielsetzung, der die Beschränkung des Kreditgeschäfts auf die Mitglieder und damit der Betätigung auf geschlossene Kreditmärkte entspricht, findet darin ihren Ausdruck, „daß die Genossen einerseits mit Rücksicht auf ihre oft beschränkte wirtschaftliche Leistungsfähigkeit nur ein relativ geringes Eigenkapital (Geschäftsguthaben) aufbringen müssen, andererseits aber zur Stärkung des Kredits ihres Zusammenschlusses den Gläubigern durch entsprechende Gestaltung der Nachschußpflicht zusätzliche Sicherheit für die Erfüllung der genossenschaftlichen Verbindlichkeiten geben können (Haftsumme)"[13]. Eine Anerkennung von Haftsummenzuschlägen als haftendes Eigenkapital trägt der aufgrund der geschäftspolitischen Ausrichtung der Kreditgenossenschaften begrenzten Fähigkeit zur Eigenkapitalbildung aus Gewinnen sowie der eingeschränkten Möglichkeiten einer Zuführung von Eigenkapital durch die Genossen Rechnung und ist wettbewerblich nicht zu beanstanden, sofern dadurch die Kreditgenossenschaften in die Lage versetzt werden, ihren geschäftspolitischen Auftrag gegenüber den Mitgliedern unter Aufrechterhaltung eines angemessenen haftenden Eigenkapitals zu erfüllen.

Die Bankenstrukturkommission greift diese Argumente der Enquêtekommission auf, gelangt in ihrer Mehrheit jedoch mit der Forderung, die Anerkennung von Haftsummenzuschlägen schrittweise zu beseitigen, zu einem anderen Ergebnis als die Enquêtekommission. Dieser Unterschied im Ergebnis ist aber nun offenbar nicht Folge eines anderen wettbewerbspolitischen Konzepts der Bankenstrukturkommission, sondern steht im Zusammenhang mit der Feststellung einer Änderung der strukturellen Bedingungen der Kreditgenossenschaften seit der Wettbewerbsenquête der Bundesregierung. Man interpretiert die mehrheitliche Position der Bankenstrukturkommission wohl zutreffend, wenn man davon ausgeht, sie unterstelle eine zwischenzeitlich eingetretene Änderung in der geschäftspolitischen Ausrichtung der Kreditgenossenschaften.

Es ist davon auszugehen, daß die Aufgabe, durch konditionengünstige und deshalb rentabilitätswirksame Angebote bankwirtschaftlicher Leistungen an die Mitglieder, den Erwerb und die Wirtschaft dieser Mitglieder zu fördern, faktisch an Gewicht verloren hat. Ausdruck dafür ist, daß der Mitglieder- und Kundenkreis, den die Kreditgenossenschaften früher bankwirtschaftlich betreuten und dessen Versorgung mit Bankleistungen, seiner begrenzten wirtschaftlichen Leistungskraft wegen, durch andere Gruppen des Kreditgewerbes nicht sichergestellt war, von allen diesen Gruppen heute heftig umworben wird[14]. Als Folge dieser Entwicklung vollzieht sich das Kreditgeschäft der Kreditgenossenschaften nicht mehr auf geschlossenen Teilmärkten. Die Kreditgenossenschaften sind vielmehr auf nahezu allen Bankleistungsmärkten und eben

[13] Bericht der Enquêtekommission, S. 69.

[14] Bericht der Bankenstrukturkommission, Ziffer 1151, S. 363.

auch auf den Kreditmärkten voll in den Wettbewerb mit Sparkassen und privaten Kreditbanken einbezogen.

Damit muß aus der Sicht der Bankenstrukturkommission von einer Änderung der strukturellen Bedingungen der Kreditgenossenschaften gesprochen werden. Ihre wirtschaftliche Leistungsfähigkeit hat sich verbessert und die Möglichkeiten der Eigenkapitalbildung im Wege der Thesaurierung von Gewinnen haben trotz des von der Enquêtekommission geforderten und zwischenzeitlich erfolgten Abbaus der Steuerprivilegien der Kreditgenossenschaften zugenommen[15]. Damit haben offenbar auch die Möglichkeiten der Kreditgenossenschaften, sich Eigenkapital im Wege der Zuführung von außen zu beschaffen, verbessert.

Mit der Reform des Genossenschaftsgesetzes und des Körperschaftsteuergesetzes von 1977 hat auch der Gesetzgeber den veränderten strukturellen Bedingungen der Kreditgenossenschaften Rechnung getragen. Nach der Änderung des Genossenschaftsgesetzes von 1973 sind nun auch Kreditgenossenschaften ohne Nachschußpflicht zugelassen. ‚Seit der Körperschaftsteuerreform hängt die steuerliche Begünstigung für Kreditgenossenschaften nicht mehr davon ab, daß die Genossenschaft ausschließlich an ihre Mitglieder Kredite gewährt[16].‘

Aufgrund dieser strukturellen Veränderung sind, nach Ansicht der Bankenstrukturkommision, die von der Enquêtekommission ins Feld geführten Gründe für eine Anerkennung von Haftsummenzuschlägen als haftendes Eigenkapital bei Kreditgenossenschaften entfallen. Die Bankenstrukturkommission bewegt sich mit dieser Folgerung ganz im Rahmen des wettbewerbspolitischen Konzepts der Enquêtekommission. Dieser Konzeption zufolge sind unterschiedliche Normen und Verwaltungsvorschriften, wie die gegenwärtigen Regelungen des § 10 Abs. 2 KWG und die Zuschlagsverordnung, wenn sich durch diese „Wettbewerbsveränderungen“ ergeben, nicht an sich wettbewerbspolitisch relevant. Solche Regelungen müssen allerdings begründet sein, wobei diese Begründungen in effizienz- und/oder sozialpolitischen Rechtfertigungen bestehen können[17]. Früher bestehende Möglichkeiten einer Rechtfertigung der Anerkennung von Haftsummenzuschlägen sind aber mit der Öffnung zuvor geschlossener Teilmärkte und der damit zusammenhängenden Änderung der Geschäftspolitik der Kreditgenossenschaften entfallen. Eine Anerkennung von Haftsummenzuschlägen als haftendes Eigenkapital bei Kreditgenossenschaften ist damit, auch aus der Sicht der wettbewerbspolitischen Konzeption der Enquêtekommission, nicht länger gerechtfertigt, wenn die von der Bankensstrukturkommission

---

[15] Bericht der Bankenstrukturkommission, Ziffer 686, S. 213.

[16] Ebenda, Ziffer 1152, S. 363.

[17] Bericht der Enquêtekommission, S. 39.

vorgetragenen Tatsachenbehauptungen einer empirischen Prüfung standhalten.

(2) Die Bankenstrukturkommission stützt sich scheinbar auch bei der Behandlung von Haftungszuschlägen als haftendes Eigenkapital für Anstaltslast und Gewährträgerhaftung bei öffentlich-rechtlichen Kreditinstituten auf das wettbewerbspolitische Konzept der Enquêtekommission, wenn sie direkt auf die Begründung der Enquêtekommission mit der Feststellung verweist, die Gründe, die anläßlich der Wettbewerbsuntersuchung 1968 zur Ablehnung der Bemessung der Anstaltslast und Gewährträgerhaftung geführt hätten, bestünden nach wie vor fort. Es gibt guten Grund zu der Annahme, daß dieser Schein trügt.

Der Hinweis, mit der Anerkennung von Haftungszuschlägen als haftendes Eigenkapital ‚würde den Sparkassen ein nicht zu rechtfertigender Wettbewerbsvorteil eingeräumt, aus dem ihnen ein echter Kostenvorteil gegenüber den Wettbewerbern erwüchse, weil der auf bloßer Annahme beruhende Eigenkapitalteil nicht verzinst zu werden braucht'[18], scheint die vorgenannte Aussage zu erläutern. Wie sich jedoch zeigen wird, ist dies unzutreffend. Bei der Behauptung eines Nichtverzinsungsprivilegs auf seiten öffentlich-rechtlicher Kreditinstitute handelt es sich vielmehr um ein Argument, das mit dem wettbewerbspolitischen Konzept der Enquêtekommission inkompatibel ist.

Die Vorstellungen der Enquêtekommission zur Frage einer Anerkennung von Haftungszuschlägen als haftendes Eigenkapital lassen sich durch folgende Argumentation kennzeichnen. Bei öffentlich-rechtlichen Kreditinstituten liegen zwingende sachliche Gründe, die es erforderlich machen könnten, die öffentliche Haftung als haftendes Eigenkapital zu berücksichtigen, nicht vor. Diese Haftung bietet zwar den Gläubigern dieser Kreditinstitute zusätzliche Sicherheit. Den öffentlich-rechtlichen Kreditinstituten kommt damit die Leistungs- und Steuerkraft der öffentlichen Gebietskörperschaften zugute. ‚Würde man jedoch diesen Aspekt als ausreichenden Grund für die Berücksichtigung der öffentlichen Haftung als Eigenkapital anerkennen, so wäre ein weiterer gewichtiger Wettbewerbsvorteil der öffentlich-rechtlichen Kreditinstitute die Folge. Deshalb könnten lediglich über den Sicherheitsaspekt hinausreichende sachliche Gründe die Anerkennung rechtfertigen[19].' Solche Gründe lägen jedoch nicht vor.

Die Begründung für dieses Votum ist aus dem Zusammenhang der Aussagen der Enquêtekommission zu verschiedenen Einzelfragen zu erschließen.

---

[18] Bericht der Bankenstrukturkommission, Ziffer 1207, S. 382.

[19] Bericht der Enquêtekommission, S. 69.

Die Sparkassen, so führt die Enquêtekommission im Zusammenhang mit der Frage nach den wettbewerbspolitischen Implikationen der Gewinnausschüttungspraxis bei unterschiedlichen Gruppen von Kreditinstituten aus, sind nicht gegründet worden, um den Trägern der Institute hochverzinsliche Kapitalanlagemöglichkeiten anzubieten. Vielmehr sei die Gründung von Sparkassen erfolgt und würden Sparkassen auch heute betrieben, um kreditwirtschaftliche Aufgaben zu erfüllen, die im öffentlichen Interesse liegen. Zu diesen Aufgaben gehöre auch die Versorgung der Kommunen mit Bankleistungen zu günstigen Konditionen[20].

Die Wahrnehmung dieser Aufgaben bedinge den Verzicht auf Gewinnmaximierung und die Hinnahme von Geschäftsbegrenzungen. Damit verbunden sei, daß die potentiellen Möglichkeiten der Eigenkapitalbildung durch Thesaurierung von Gewinnen aufgrund geringerer Gewinne beschränkt seien. Darin aber sie eine Wettbewerbsbenachteiligung für die Sparkassen nicht zu sehen, die die Grundlage für eine Rechtfertigung der Anerkennung von Haftungszuschlägen abgeben könnte. Dem Verzicht auf Gewinnmaximierung entspreche nämlich der Verzicht der Anstaltsträger auf Gewinnausschüttungen in einer bei Einsatz privaten Kapitals üblichen Höhe[21]. Der Verzicht auf Gewinnmaximierung und die Ausschüttungsbeschränkung seien von der Zielrichtung des Anstaltsträgers her betrachtet als korrespondierende Regelungen und tragende Strukturelemente des öffentlich-rechtlichen Charakters der Sparkassen anzusehen. Deshalb könne auch ein „Nichtausschüttungsprivileg" nicht als ungerechtfertigter Wettbewerbsvorteil der Sparkassen anerkannt werden[22].

Die Enquêtekommission geht davon aus, der Verzicht auf Gewinnausschüttungen habe ein Eigenkapitalproblem bei den Sparkassen nicht nur nicht entstehen lassen, sondern in Verbindung mit den steuerlichen Sonderregelungen, die die Selbstfinanzierung der Sparkassen begünstigt hätten, eine auf geschäftliche Expansion gerichtete Politik der Sparkassen nicht unerheblich erleichtert[23]. Angesichts der dynamischen Entwicklung der Sparkassen sei daher, so läßt sich aus dem Zusammenhang dieser Argumente schließen, eine Anerkennung von Haftungszuschlägen als haftendes Eigenkapital unter diesen Bedingungen sachlich nicht zu rechtfertigen, zumal die überwiegende Mehrzahl aller Sparkassen, nämlich mehr als 91 %, das 15fache an Krediten und Beteiligungen des ausgewiesenen Eigenkapitals unterschritten und damit über einen beachtlichen geschäftspolitischen Spielraum verfügten[24].

---

[20] Bericht der Enquêtekommission, S. 43 f.

[21] Ebenda, S. 52.

[22] Ebenda, S. 54.

[23] Ebenda, S. 52.

[24] Ebenda, S. 130.

Die Enquêtekommission räumt allerdings ein, daß sich ‚die bisherigen Grundlagen maßgeblich verändern' könnten[25], wenn es zu dem von ihr geforderten Abbau der Steuerprivilegien der Sparkassen käme, weil dadurch die Möglichkeiten der Sparkassen auf dem Wege über Gewinnthesaurierungen ihre Eigenkapitalversorgung sicherzustellen, erheblich eingeschränkt würden. Dies sei jedoch für sich genommen kein Grund, Wettbewerbsnachteile auf seiten der Sparkassen zu erwarten und eine Anerkennung von Haftungszuschlägen als haftendes Eigenkapital in Erwägung zu ziehen. Das geeignete und auch zumutbare Mittel, für eine angemessene Eigenkapitalversorgung bei den Sparkassen zu sorgen, sei das der Zuführung von Dotationskapital durch die Anstaltsträger. Die Anstaltsträger seien rechtlich nicht daran gehindert, auch und unter Umständen gerade im Falle unzureichender Eigenkapitalbildung bei den Sparkassen aus Gewinnen, Eigenkapital von außen zuzuführen, um auf diese Weise die Geschäftsentfaltungsmöglichkeiten ihrer Institute zu erhalten[26].

Zwischenzeitlich sind nun die von der Enquêtekommission geforderten steuerlichen und auch andere Maßnahmen zur Beseitigung tatsächlicher oder vermeintlicher Wettbewerbsvorteile der Sparkassen durchgeführt worden mit der Wirkung, daß eine zunehmende Zahl von Sparkassen aufgrund verminderter Selbstfinanzierungsmöglichkeiten trotz unterdurchschnittlicher Wachstumsrate des Geschäftsvolumens unter den Druck der geschäftsbegrenzenden Wirkungen des Grundsatzes I geraten sind. Während noch 1968 nur knapp 9 % aller Sparkassen das 15fache an Krediten und Beteiligungen des ausgewiesenen Eigenkapitals erreichten und überstiegen, waren es 1979 über die Hälfte aller Sparkassen.

Diese Entwicklung war u. a. Folge des Umstandes, daß die von der Enquêtekommission in Aussicht genommene Zuführung von Eigenkapital durch die Anstaltsträger ausgeblieben ist, während sich übrigens bei genossenschaftlichen Kreditinstituten mit der Zunahme der steuerlichen Belastung der Gewinne die außenfinanzierte Eigenkapitalbildung erheblich verstärkte. Sieht man von der Zuführung von Eigenkapital im Zusammenhang mit der aus der Anstaltslast folgenden Verpflichtung zum Ausgleich von Verlusten bei Sparkassen ab, ist den Sparkassen Eigenkapital in Form von Dotationskapital seitens der Anstaltsträger nicht zugeflossen. Angesichts dieser Bedingungen ist zu vermuten, daß eine wichtige Voraussetzung für die Schaffung resp. Erhaltung wettbewerbsneutraler Verhältnisse im Kreditgewerbe nach der Korrektur der steuerlichen und anderen Sondervorteile der Sparkassen nicht oder nicht mehr erfüllt ist. Dabei könnte es sich darum handeln, daß sich viele Ge-

---

[25] Bericht der Enquêtekommission, S. 53.

[26] Ebenda, S. 130 f.

währträger aufgrund enger Grenzen für eine Neuverschuldung und angesichts anderer dringender, im öffentlichen Interesse liegender Investitionsvorhaben, die finanziert werden müssen, schwer tun, ihren Sparkassen das erforderliche Dotationskapital zur Verfügung zu stellen[27]. Geht man davon aus, daß dies in vielen Fällen Wirklichkeit ist, dann kann man mit guten Gründen vermuten, daß sich die Enquêtekommission, gestützt auf ihr wettbewerbspolitisches Konzept, angesichts veränderter Bedingungen zu einer Revision ihres Votums, eine Anerkennung von Haftungszuschlägen betreffend, veranlaßt sehen würde. Es läge dann nämlich nahe, sich des Umstands zu erinnern, daß viele Kommunen zwar auf der einen Seite in ihren Möglichkeiten, den Eigenkapitalbedarf ihrer Institute zu decken, beschränkt sind, auf der anderen Seite jedoch zur Sicherung des Kredits der Sparkassen durch Anstaltslast und Gewährträgerhaftung Sicherheit für die Erfüllung der Verbindlichkeiten der Sparkassen geben können[28]. Die Anerkennung von Haftungszuschlägen als haftendes Eigenkapital bei Sparkassen wäre in diesem Falle der Weg, den strukturellen Besonderheiten öffentlich-rechtlicher Kreditinstitute Rechnung zu tragen und für die Wahrnehmung der im öffentlichen Interesse liegenden kreditwirtschaftlichen Aufgaben zu sorgen.

Die Bankenstrukturkommission geht davon aus, daß die Gründe, die die Enquêtekommission bewogen, die Bemessung von Anstaltslast und Gewährträgerhaftung abzulehnen, nach wie vor fortbestehen. Dabei nimmt sie weder von der durch den Abbau steuerlicher und anderer Sondervorteile bedingten Verminderung der Selbstfinanzierungsmöglichkeiten der Sparkassen, noch von dem offen zutage tretenden Problem einer Eigenkapitalzuführung durch die Gewährträger Kenntnis. Soweit sich durch diese Umstände im Sinne der Enquêtekommission ‚Wettbewerbsverschiebungen' zu Lasten der Sparkassen ergeben haben, werden diese also von der Bankenstrukturkommission unberücksichtigt gelassen. Dies kann, wenn man davon ausgeht, daß die Umstände bekannt sind, nur bedeuten, daß die Bankenstrukturkommission im Zusammenhang mit der wettbewerbspolitischen Bewertung von Haftungszuschlägen vom wettbewerbspolitischen Konzept der Enquêtekommission abweicht, also einen anderen Begriff von Wettbewerbsneutralität verwendet als die Enquêtekommission.

---

[27] Vgl. hierzu die Stellungnahme der Bundesvereinigung kommunaler Spitzenverbände vom 7. 1. 1982 zum Entwurf eines Gesetzes zur Änderung des KWG gegenüber dem Unterausschuß des Wirtschaftsausschusses des Bundesrates. Abgedruckt in: ‚Die Eigenkapitaldiskussion — Dokumente für den Haftungszuschlag', in: Sparkasse, Sonderdruck zu Heft 4 (1982), S. 196.

[28] Es handelt sich um eine analoge Argumentation, wie sie die Enquêtekommission im Zusammenhang mit den Kreditgenossenschaften verwendet. Vgl. hierzu Bericht der Enquêtekommission, S. 69.

Dies wird bestätigt, wenn man die scheinbar erläuternde Feststellung der Kommission betrachtet, die Sparkassen hätten im Falle einer Anerkennung von Haftungszuschlägen ungerechtfertigte Wettbewerbsvorteile, weil der auf bloßer Annahme beruhende Eigenkapitalteil nicht verzinst zu werden brauchte.

Sieht man davon ab, daß mit einer Anerkennung von Haftungszuschlägen ein Vermögenstransfer zugunsten der Sparkassen nicht verbunden ist, der unmittelbar Grundlage für eine Zunahme der Zinserträge und damit für eine Verzinsung von Haftungszuschlägen überhaupt sein könnte, so reduziert sich das Argument der Bankenstrukturkommission auf das schon früher angesprochene „Nichtverzinsungsprivileg" der Sparkassen.

Mit dem Argument, ‚daß die Sparkassen wegen des Fehlens eines förmlichen Dotationskapitals und einer entsprechenden Verzinsungspflicht entweder keinen oder nur einen geringen Gewinn auszuschütten brauchten und deshalb gegenüber den privaten Kreditinstituten, die unter dem Zwang zur Gewinnausschüttung stünden, im Wettbewerb erheblich begünstigt seien'[29], hatte sich, wie schon angemerkt, die Enquêtekommission eingehend auseinandergesetzt. Aufgrund ihrer Untersuchung war sie zu dem Ergebnis gelangt, ‚das Fehlen eines Zwangs zur Gewinnausschüttung bei den Sparkassen sei für diese kein Wettbewerbsvorteil, sondern eine notwendige Folge ihrer öffentlich-rechtlichen Struktur, insbesondere ihrer durch den Verzicht auf Gewinnmaximierung gekennzeichneten Geschäftspolitik'[30]. Die Bankenstrukturkommission verwendet also ein Argument, um die Ablehnung einer Anerkennung von Haftungszuschlägen zu begründen, das von der Enquêtekommission ausdrücklich als wettbewerbsirrelevant zurückgewiesen worden war. Es handelt sich darüber hinaus um ein Argument, das nur dann vertreten werden kann, wenn man die strukturellen Besonderheiten öffentlich-rechtlicher Kreditinstitute unter Wettbewerbsgesichtspunkten als irrelevant betrachtet. Dies aber ist kein Charakteristikum des wettbewerbspolitischen Konzepts der Enquêtekommission[31].

Es ist zu ergänzen, daß das vermeintliche ‚Nichtverzinsungsprivileg' von der Bankenstrukturkommission nicht nur bei der Frage einer Anerkennung von Haftungszuschlägen als haftendes Eigenkapital Verwendung findet, sondern auch die Grundlage für die Ablehnung einer Anerkennung von nachrangigem Haftkapital und Genußscheinkapital bildet, wobei auch in diesem Zusammenhang begründete strukturelle

---

[29] Bericht der Enquêtekommission, S. 51.

[30] Ebenda, S. 54.

[31] Ebenda, S. 39.

Besonderheiten der öffentlich-rechtlichen Kreditinstitute keine Beachtung erfahren.

Die Ergebnisse dieser Überlegungen stützen die Vermutung, daß ein einheitliches wettbewerbspolitisches Konzept zur Beurteilung der verschiedenen Reformvorschläge zu § 10 Abs. 2 KWG als Grundlage der wettbewerbspolitischen Aussagen der Bankenstrukturkommission nicht existiert. Vielmehr entsteht der Eindruck, daß bei der Beurteilung der verschiedenen Reformvorschläge unterschiedliche Begriffe von ‚Wettbewerbsneutralität' zur Anwendung gelangen. Insbesondere scheint deutlich zu werden, daß die Bankenstrukturkommission den strukturellen Besonderheiten der öffentlich-rechtlichen Kreditinstitute nicht das gleiche Interesse schenkt wie jenen anderer Gruppen von Kreditinstituten und in dieser Hinsicht auch vom wettbewerbspolitischen Konzept der Enquêtekommission der Bundesregierung abweicht.

Die Konsequenz aus diesem Ergebnis ist, daß die wettbewerbspolitischen Urteile der Bankenstrukturkommission über die verschiedenen Reformvorschläge zu § 10 Abs. 2 KWG wegen des Fehlens eines einheitlichen wettbewerbspolitischen Konzeptes einer kritischen Prüfung unmittelbar entzogen sind. Eine derartige Prüfung setzt ein solches einheitliches und vertretbares wettbewerbspolitisches Konzept (1) als Grundlage einer sachgerechten Bestimmung der Wettbewerbsstellung der verschiedenen Gruppen von Kreditinstituten und (2) zum Zwecke einer systematischen Bewertung der wettbewerblichen Implikationen der verschiedenen Reformvorschläge zu § 10 Abs. 2 KWG voraus. Erst aufgrund dieser Bewertungen lassen sich dann die wettbewerbspolitischen Einzelaussagen der Bankenstrukturkommission zu den verschiedenen Reformvorschlägen beurteilen.

2. Eine wettbewerbspolitische Konzeption auf der Grundlage der Ansätze der Enquêtekommission der Bundesregierung und Wolfgang Stützels

Ziel der folgenden Überlegungen ist es, auf der Grundlage des schon angesprochenen Ansatzes der Enquêtekommission und des Konzeptes von Wolfgang Stützel eine konsistente wettbewerbspolitische Konzeption zu entwickeln, die die Basis für eine angemessene wettbewerbspolitische Beurteilung der verschiedenen Reformvorschläge zu § 10 Abs. 2 KWG und für die Überprüfung der wettbewerbspolitischen Urteile der Bankenstrukturkommission bilden kann. Besondere Beachtung wird dabei die Frage nach den wettbewerbspolitischen Aspekten des Verhältnisses der öffentlich-rechtlichen Kreditinstitute, insbesondere der Sparkassen, zu den anderen Kreditinstituten finden.

a) *Der wettbewerbspolitische Ansatz der Enquêtekommission*

Als potentiell wettbewerbspolitisch relevant werden von der Enquêtekommission Unterschiede zwischen den verschiedenen Gruppen von Kreditinstituten in gesetzlichen und verwaltungsmäßigen Normen und in der Verwaltungspraxis angesehen. Im Mittelpunkt des wettbewerbspolitischen Konzepts der Kommission steht deshalb die Überprüfung von Normen und Maßnahmen daraufhin, ‚ob und gegebenenfalls in welcher Hinsicht sie die Wettbewerbsbedingungen verändern und ob die in ihnen enthaltenen Ungleichbehandlungen aus sachlichen Gründen gerechtfertigt sind‘[32]. Die Kommission geht dabei so vor, daß sie jeweils nach der Begründung für die Einführung der betreffenden Regelungen fragt und untersucht, ob diese auch unter den veränderten Bedingungen der Gegenwart noch Geltung beanspruchen respektive ob andere, neu hinzugekommene Gründe zur Rechtfertigung herangezogen werden können. Wenn beides nicht zutrifft, sind die betreffenden Normen und Maßnahmen wettbewerbspolitisch relevant, ist von ‚Wettbewerbsverschiebungen‘ im Sinne ungerechtfertigter Wettbewerbsvorteile zu sprechen, die gegebenenfalls durch Änderungen der entsprechenden Normen und Verwaltungsmaßnahmen korrigiert werden müssen[33].

Aufgrund dieser Aussagen wird deutlich, daß unterschiedliche Normen und Verwaltungsvorschriften für unterschiedliche Kreditinstitutsgruppen auch unter Wettbewerbsgesichtspunkten durchaus möglich und vertretbar sein können und daß die wettbewerbspolitischen Beurteilungen der verschiedenen Regelungen von den jeweiligen Bedingungen des wirtschaftlichen und sozialen Umfeldes abhängen, mit Veränderungen des Umfeldes also gegebenenfalls korrigiert werden müssen[34].

Nicht alle Normen bedürfen allerdings einer besonderen sachlichen Begründung. Bei öffentlich-rechtlichen Kreditinstituten entfällt das Erfordernis einer Begründung bezüglich jener strukturellen Besonderheiten, die zwingend mit der öffentlichen Rechtsform verbunden sind. Solange die Existenzberechtigung öffentlich-rechtlicher Kreditinstitute bejaht wird, müssen die unabdingbaren Merkmale ‚Verzicht auf Gewinnmaximierung und öffentliche Haftung‘ auf der einen Seite und ‚Geschäftsbeschränkungen und Anstaltsaufsicht‘ auf der anderen Seite akzeptiert und können nicht als gesetzliche oder verwaltungsmäßige Begünstigungen oder Belastungen anerkannt werden[35].

---

[32] Bericht der Enquêtekommission, S. 39.
[33] Bericht der Enquêtekommission, S. 39.
[34] Bericht der Enquêtekommission, S. 43 f.
[35] Bericht der Enquêtekommission, S. 43.

Alle anderen gesetzlichen und verwaltungsmäßigen Regelungen, die häufig mit der Rechtsform zusammenhängen, aber nicht zwingend mit dieser verbunden sind, bedürfen, soweit sie wettbewerblich überhaupt relevant sind, einer besonderen sachlichen Begründung, wenn sie nicht unter den Begriff der ‚Wettbewerbsverschiebungen' fallen sollen[36]. Bestehende und mögliche künftige Regelungen des § 10 Abs. 2, 4 KWG gehören in diese Gruppe wettbewerblich relevanter Normen.

Die sachliche Begründung für unterschiedliche Normen und Verwaltungsmaßnahmen kann unmittelbarer Art sein. Dies ist z. B. der Fall, wenn öffentlichen Sparkassen, anders als anderen Kreditinstituten, die subjektive Mündelsicherheit deshalb zuerkannt wird, weil sie, gestützt auf Anstaltslast und Gewährträgerhaftung, einen besonderen Sicherheitsstatus aufweisen. Die Begründung kann aber auch mittelbarer Art sein und ist dann in unserem Zusammenhange von besonderer Bedeutung. Eine solche Begründung und Rechtfertigung bestimmter Normen und/oder Verwaltungsmaßnahmen liegt z. B. vor, wenn Sparkassen nur durch diese Regelungen instand gesetzt werden, ihre Aufgaben wahrzunehmen. „In diesen Fällen ist die Gewährung bestimmter Privilegien — auch wettbewerblich — so lange unbedenklich, als nur auf diese Weise sichergestellt werden kann, daß die aus Gründen des öffentlichen Interesses notwendigen Leistungen in ausreichendem Maße angeboten werden können[37]." Sind beispielsweise die Sparkassen nicht in der Lage, ihrer im öffentlichen Interesse liegenden kreditwirtschaftlichen Korrekturfunktion nachzukommen, weil ihre Möglichkeiten der Eigenkapitalbildung durch Thesaurierung von Gewinnen aufgrund geringerer Gewinne trotz eines Verzichts auf Gewinnausschüttungen seitens der Träger nicht ausreichen, eine angemessene Eigenkapitalausstattung aufrechtzuerhalten, dann sind aus der Sicht der Enquêtekommission gesetzliche oder verwaltungsmäßige Regelungen, die eine angemessene Eigenkapitalausstattung bewirken, auch dann, wenn sie Wettbewerbsauswirkungen haben, legitim. Besteht die mögliche Maßnahme in einer Anerkennung von Haftungszuschlägen als haftendes Eigenkapital für Anstaltslast und Gewährträgerhaftung, so ist diese im Sinne der Enquêtekommission ‚wettbewerblich unbedenklich'. Dies ist eine wichtige, festzuhaltende Implikation des wettbewerbspolitischen Konzeptes der Enquêtekommission.

b) Das wettbewerbspolitische Konzept Stützels

Das von Stützel zur Bestimmung der Wettbewerbsstellung der Sparkassen verwendete wettbewerbspolitische Konzept ist analytisch weiter

[36] Bericht der Enquêtekommission, S. 43.
[37] Bericht der Enquêtekommission, S. 41.

ausgearbeitet als das Konzept der Enquêtekommission und liefert ein einheitliches Kriterium für ‚Wettbewerbsneutralität'. Abweichungen vom Status der Wettbewerbsneutralität werden als Startvorteil oder Attraktivitätsvorsprung bezeichnet und in Geldbeträgen gemessen[38].

Grundlage für die Bestimmung von Startvorteilen bildet ein hypothetischer Vergleich in der Art juristischer Steuerbelastungsvergleiche. Als tertium comparationis dient ein ‚Kreditinstitut an sich', das durch eine bestimmte lebenstypische Sachverhaltskombination aus Bruttogewinn, Auschüttungen und Bilanzstruktur gekennzeichnet ist. Auf dieses Referenzinstitut wird gedanklich jeweils das Recht der Sparkassen und das Recht anderer Kreditinstitutsgruppen angewendet. Dabei ergeben sich Unterschiede in den verbleibenden Nettoerträgen, die den Wert zum Ausdruck bringen, der, je nach Vergleichsbasis, den Unterschieden im Recht beizumessen ist. Ergibt sich ein größerer Nettobetrag auf Seiten der Sparkassen, so haben diese einen Startvorteil, einen ungerechtfertigten Wettbewerbsvorteil aufzuweisen[39].

Die Unterschiede im Recht der Sparkassen und der anderen Kreditinstitutsgruppen drücken sich in unterschiedlichen gesetzlichen und verwaltungsmäßigen Normen und in Unterschieden der Verwaltungspraxis de‘ Regelungen, die zu einer relativen Verminderung der Nettoerträge führen. Privilegienrenten für die Sparkassen resultieren aus vorteilhaften Steuerregelungen, aus der Haftungsübernahme durch die öffentgegenüber den verschiedenen Institutsgruppen aus. Stützel unterscheidet dabei solche für die Sparkassen begünstigenden Regelungen, die ihren Ausdruck in sogenannten Privilegienrenten finden, und ‚belastenlichen Träger, aus der Bevorzugung bei der Verteilung öffentlicher Einlagen, der Zuteilung von Emissionen öffentlicher Emittenten und der Zuführung von Kunden durch öffentliche Stellen sowie aus dem Urkundenprivileg und der Mündelsicherheit. Privilegien können verwendet werden zu einer über die bei privaten Kreditinstituten hinausgehenden Gewinnausschüttung an die Träger in offener oder verdeckter Form sowie zum Privilegienrentenverbrauch. Der Verbrauch kann sich vollziehen durch Weiterleitung von Privilegien an Destinatäre über Geschäfte an geschlossenen Teilmärkten, bei denen Vorzugskonditionen eingeräumt werden. In dieser Weiterleitung von Privilegienrenten kommt die im öffentlichen Interesse liegende sozialpolitische Aufgabe der Sparkassen zum Ausdruck. Ein Verbrauch kann sich auch vollziehen im Zusammenhang mit anderen ‚unrentierlichen gemeinnützigen Leistungen'. Unter diese Leistungen lassen sich, wenn auch von Stützel

[38] Vgl. Wolfgang Stützel, Bankpolitik heute und morgen, S. 65; ders., Die Aufgaben der Banken ..., S. 466.

[39] Vgl. Wolfgang Stützel, Bankpolitik heute und morgen, S. 60 f.

nicht angesprochen und deshalb in seinem Wettbewerbskalkül nicht berücksichtigt, die im öffentlichen Interese liegenden effizienzpolitischen Aufgaben, die ihren Ausdruck in der Korrekturfunktion im Sinne der Enquêtekommission finden, subsummieren[40].

Das wettbewerbspolitische Urteil hängt ab von dem Saldo der Summe aller Privilegienrenten und der Summe der Verwendungen respektive des Verbrauchs von Privilegienrenten. Ist der Betrag positiv, so liegt ein Startvorteil in Höhe des Betrages zugunsten der Sparkasse vor, ein Betrag, der „zur Kundenwerbung auf offenen Teilmärkten sowie zu einer Eigenkapitalexpansion, die über die anderer Institute hinausgeht (überproportionale Eigenkapitalexpansion)“[41], eingesetzt wird. Im hypothetischen Fall bedeutet ein solcher Startvorteil, sofern er dauerhafter Art ist, daß die begünstigten Sparkassen permanent Marktanteile zu Lasten der privaten Kreditinstitute gewinnen.

Das Stützel'sche Wettbewerbskonzept weist eine Reihe wichtiger Gemeinsamkeiten mit dem Ansatz der Enquêtekommission auf. Auf folgende Gemeinsamkeiten ist besonders hinzuweisen.

— Indem Stützel das Recht der Sparkassen auf das Referenzinstitut anwendet, trägt auch er mit der Berücksichtigung jener gesetzlichen und verwaltungsmäßigen Regelungen, die Ausdruck struktureller Besonderheiten öffentlich-rechtlicher Kreditinstitute sind, der besonderen geschäftspolitischen Ausrichtung der Sparkassen Rechnung. Im Verbrauch von Privilegienrenten für sozialpolitische Zwecke oder in Verfolgung effizienzpolitischer Ziele kommt dabei der Geldwert der relativen Belastung aus der Wahrnehmung der den Sparkassen übertragenen, im öffentlichen Interesse liegenden Aufgaben zur Geltung. Diese Belastungen müssen im Interese der Wettbewerbsgleichheit und damit zugleich einer Gewährleistung der Wahrnehmung der im öffentlichen Interesse liegenden Aufgaben seitens der Sparkassen durch die Gewährung bestimmter Privilegienrenten ausgeglichen werden. Diese Sicht der Dinge entspricht ganz jener der Enquêtekommission, wenn die Enquêtekommission auch auf eine Kalkulation von Startvorteilen auf der Grundlage geldwerter Vor- und Nachteile der Sparkassen verzichtet.

— Mit der Modellvorstellung des ‚Kreditinstituts an sich‘, das durch bestimmte lebenstypische Sachverhaltskombinationen gekennzeichnet ist, und der Anwendung unterschiedlichen Rechts auf dieses Institut nimmt Stützel eine Unterscheidung bezüglich der Faktoren, die insgesamt das Leistungsergebnis der Kreditinstitute bestimmen, vor in solche, die wettbewerbspolitisch relevant sind, und solche,

[40] Vgl. Wolfgang Stützel, Bankpolitik heute und morgen, S. 65.

[41] Vgl. ders., ebenda, S. 65.

die irrelevant sind. Alle jene Faktoren, bezüglich derer sich Sparkassen und private Kreditinstitute unabhängig von ihren rechtlichen Bedingungen unterscheiden können und die für das Leistungsergebnis relevant sind, werden als wettbewerbspolitisch irrelevant angesehen, als ‚natürliche Leistungsfaktoren' behandelt. Dazu gehören z. B. Unterschiede in den Geschäfts- und Kundenstrukturen und in den Organisationsstrukturen.

Hingegen sind alle gesetzlichen und verwaltungsmäßigen Normen und die Verwaltungspraxis wettbewerbspolitisch relevant und im Kalkül zur Bestimmung der Startvorteile zu berücksichtigen. Diese Unterscheidung in wettbewerbsrelevante und wettbewerbsirrelevante Leistungsfaktoren entspricht jener, die implizit dem Konzept der Enquêtekommission zugrundeliegt. Es ist deshalb nicht verwunderlich, daß die von der Enquêtekommission in Betracht gezogenen Wettbewerbsfaktoren mit den Stützel'schen übereinstimmen.

— Damit ist auch die Erklärung dafür gegeben, daß Stützel, wie die Enquêtekommission, die von der Rechtsform abhängigen Unterschiede in bezug auf die Möglichkeiten der Eigenkapitalbeschaffung der Sparkassen und anderer Kreditinstitute dem Bereich der wettbewerbspolitisch relevanten Faktoren zuordnet. Man denke in diesem Zusammenhange z. B. an seine Behandlung des ‚Nichtausschüttungsprivilegs' der Sparkassen. Dem widerspricht nicht, daß die Frage der Eigenkapitalbeschaffung im Rahmen seines Kalküls auf die Bildung von Eigenkapital aus der Thesaurierung versteuerter Gewinne beschränkt bleibt. Immerhin mißt er sogar den Startvorteil anhand des sich im hypothetischen Vergleich ergebenden Betrages, der zu einer Eigenkapitalexpansion, die über die anderer Institute hinausgeht, eingesetzt werden kann.

c) Ein wettbewerbspolitisches Konzept für eine wachsende Kreditwirtschaft

Grundlage für die Ableitung eines Kriteriums der ‚Wettbewerbsneutralität', das auch die Basis für die Bewertung der Vorschläge zu § 10 Abs. 2 KWG, die Sparkassen betreffend, sein kann, bildet im Folgenden der theoretisch relativ weit entwickelte Ansatz Stützels. Dieser Ansatz muß allerdings modifiziert werden, da er ein Problem aufwirft, das seine Anwendungsmöglichkeiten gerade auch im Zusammenhange mit einer Bewertung der wettbewerbspolitischen Implikationen der verschiedenen Reformvorschläge zu § 10 KWG erheblich einschränkt.

Das Problem bezieht sich auf eine analytische Implikation des Stützelschen Ansatzes, die von Stützel selbst wohl kaum akzeptiert werden würde und mit dem Ansatz der Enquêtekommission unvereinbar ist.

Das Problem ergibt sich aus Folgendem. Angenommen, die Stützelsche Kalkulation im Rahmen des hypothetischen Vergleichs einer Sparkasse und eines privaten Kreditinstituts erbringe einen Startvorteil für die Sparkasse in Höhe eines bestimmten Betrages, der ‚zur Kundenwerbung auf offenen Teilmärkten sowie zu einer Eigenkapitalexpansion, die über die anderer Institute hinausgeht (überproportionale Eigenkapitalexpansion)', eingesetzt werden kann.

Unterstellt nun aber, zur Aufrechterhaltung der Bilanzstruktur und damit auch der Eigenkapitalquote — dem Verhältnis des ausgewiesenen Eigenkapitals zum Geschäftsvolumen — sei bei wachsendem Geschäftsvolumen ein Betrag an zusätzlichem Eigenkapital erforderlich, der den Betrag möglicher Eigenkapitalbildung aus der Thesaurierung versteuerter Gewinne, also einschließlich des Startvorteils bei der Sparkasse, übersteige. Die Sparkasse habe im Unterschied zu dem privaten Kreditinstitut (und in Übereinstimmung mit den tatsächlichen Verhältnissen) jedoch keine Möglichkeit, sich den fehlenden Eigenkapitalbetrag von außen zu beschaffen. Welche Konsequenzen ergeben sich aus dieser Situation?

Das Geschäftsvolumen des privaten Kreditinstituts, das die Vergleichsbasis bildet, wächst mit einer bestimmten Rate. Die Sparkasse hingegen ist nicht in der Lage — und dies trotz eines unterstellten Startvorteils —, das im hypothetischen Vergleich gleichhohe Geschäftsvolumenswachstum unter Aufrechterhaltung der Eigenkapitalquote zu verwirklichen. Handelt es sich bei dieser Eigenkapitalquote um die optimale Quote, so kommt es aufgrund der Eigenkapitalrestriktion, der die Sparkasse in diesem Falle unterliegt, zu einer Verlangsamung des Geschäftsvolumenswachstums und zu einem Verlust an Marktanteil auf Seiten der Sparkasse. Dieser Vorgang, den wir im Sinne unserer vorhergehenden Überlegungen als wettbewerbspolitisch relevant ansehen würden, läßt sich im Lichte des Stützel'schen Ansatzes nicht widerspruchsfrei als Ergebnis wettbewerblicher Benachteiligungen der Sparkasse betrachten. Der ermittelte ‚Startvorteil' müßte, wenn er auch keine überproportionale Eigenkapitalexpansion der Sparkasse erlaubt, vielmehr als ungerechtfertigter Wettbewerbsvorteil bezeichnet werden. Diese Implikation ist durchaus nicht im Sinne Stützels, wie sich anhand seiner Überlegungen ‚zur Relevanz von Startvorteilen' z. B. zeigen läßt. Letztlich nämlich ist für ihn interessant, wie sich die Existenz von Startvorteilen respektive -nachteilen auf den Anteil der Sparkassen am Eigenkapital und am Geschäftsumfang aller Kreditinstitute auswirkt[42].

---

[42] Vgl. Wolfgang Stützel, Bankpolitik heute und morgen, S. 72, Ziffer 149 sowie S. 78, Ziffer 163.

Stützel hat dieses Problem offensichtlich gesehen. Dies wird aus folgenden Überlegungen zur Frage der Verwendung von Privilegienrenten bei Sparkassen im Zusammenhange mit der Eigenkapitalbildung deutlich. Die Zuweisungen zum Eigenkapital, so führt Stützel aus, „sind, da private Institute sie gleichermaßen vornehmen müssen, kein Gegenposten, der verhüten würde, daß Privilegienrenten von Sparkassen zur Attraktivitätsteigerung ihrer Angebote im Vergleich zu privaten Instituten verwendet werden können. Verringert würde die Chance, Privilegienrenten in Attraktivitätsvorsprünge umzusetzen allenfalls dadurch, daß Sparkassen gezwungen würden, größere Beträge als private Institute einzubehalten“[43], um ihr Eigenkapital einem steigenden Einlagenvolumen anzupassen. Stützel betrachtet diese Möglichkeit allerdings nicht weiter, da ein solcher Zwang für die Sparkassen im gesamten Beobachtungszeitraum, auf den sich seine Überlegungen beziehen, nicht vorgelegen habe und deshalb ‚für die weiteren Erwägungen ganz außer Betracht bleiben‘ könne[44].

In den 60er Jahren hat, so kann man mit gutem Grund vermuten, die angesprochene Implikation des Stützelschen Ansatzes bei anhaltend steigenden Eigenkapitalquoten der Sparkassen keine wettbewerbspolitische Bedeutung erlangt. Es besteht aber kaum ein Zweifel, daß das enge Startvorteilskriterium den Zugang zur Beurteilung der Entwicklung der Wettbewerbsverhältnisse im Kreditgewerbe in den 70er Jahren eher erschwert und deshalb — auch im Sinne Stützels und der Enquêtekommission — modifiziert werden muß. Die entscheidende Modifikation ergibt sich dabei aus einer Änderung des Modellszenariums. Grundlage für die Ableitung eines tragfähigen Kriteriums der ‚Wettbewerbsneutralität‘ muß, um die Unklarheiten des Stützel'schen Kriteriums zu vermeiden, das Szenarium einer wachsenden Kreditwirtschaft sein.

Bei der Ausarbeitung dieses Kriteriums gehen wir von dem gedanklichen Konzept Stützels eines ‚Kreditinstituts an sich‘ aus. Dieses Institut ist in der Ausgangslage durch eine bestimmte lebenstypische Sachverhaltskombination aus Bruttogewinnquote, d. h. dem Verhältnis des Bruttogewinns zum Geschäftsvolumen, Ausschüttungsquote und Bilanzstruktur gekennzeichnet. Das Geschäftsvolumen dieses Instituts wächst mit konstanter Rate. Diese Wachstumsrate ist eine Gleichgewichtsrate in dem Sinne, daß sich bei gegebener Höhe und Struktur der Zins-, Gebühren- und Provisionssätze und der anderen (realen) Faktorkostensätze sowie gegebener Struktur der Nachfrage nach Bankleistungen der verschiedensten Art die Bruttogewinnquote, die Ausschüttungsquote und die Bilanzstruktur im Zeitablauf nicht ändern. Das Institut reali-

[43] Wolfgang Stützel, Die Aufgaben der Banken ..., S. 470.

[44] Vgl. ders., ebenda.

siert seine optimale Eigenkapitalquote und diese bleibt — wie auch die Eigenkapitalstruktur — über die Zeit konstant[45]. Dies bedeutet, daß die Wachstumsrate des Geschäftsvolumens im Gleichgewicht jener des Eigenkapitals entspricht.

Formal läßt sich dies wie folgt ausdrücken:

Ist $\bar{w}_t$ die gleichgewichtige Wachstumsrate des Geschäftsvolumens der Periode t, E_t der Bestand an bilanzmäßig ausgewiesenem Eigenkapital in der Periode t und dE_t die Veränderung des Eigenkapitals in der betreffenden Periode, so lautet die Gleichgewichtsbedingung, wenn wir auf die Zeitindizierung verzichten:

$$\bar{w} = \frac{dE}{E}$$

oder, wenn wir berücksichtigen, daß sich der Zuwachs an Eigenkapital einer Periode aus der Summe der Zuweisungen von versteuerten Gewinnen zu den Rücklagen und der Zuführung von Eigenkapital von außen ergibt:

$$\bar{w} = \frac{G(1-t) + Z - A}{E}$$

Dabei ist G der Gewinn vor Steuern in der betreffenden Periode, t repräsentiert das Verhältnis der Steuern vom Einkommen, vom Ertrag und vom Vermögen zum Gewinn, Z bezeichnet den Bruttobetrag an Eigenkapital, der in der betreffenden Periode von außen zugeführt wird, und A den Betrag, der zur Ausschüttung gelangt.

Beziehen wir alle DM-Beträge in dieser Gleichgewichtsbedingung auf das Geschäftsvolumen in DM der betreffenden Periode und bringen wir die jeweiligen Quoten durch korrespondierende kleine Buchstaben zum Ausdruck, so läßt sich die Bedingung auch wie folgt formulieren:

$$\bar{w} = \frac{g(1-t) + (z-a)}{e}$$

e repräsentiert dabei die Eigenkapitalquote, g die Bruttogewinnquote und a die Ausschüttungsquote.

Auf das Referenzinstitut wenden wir nun das Recht der Sparkassen an. Wir sprechen von Wettbewerbsneutralität im Sinne unseres Kriteriums, wenn die Wachstumsrate des Geschäftsvolumens, das dieses ‚Kreditinstitut an sich' unter den Bedingungen der Rechtsform der Sparkassen im Gleichgewicht realisiert, jener Wachstumsrate ($\bar{w}$) des Referenz-

---

[45] Diese Annahme stellt eine zulässige Vereinfachung dar; sie ist insbesondere dann begründet, wenn konstante Skalenerträge existieren.

instituts gleich ist. Die Sparkasse hat einen Wettbewerbsvorteil, wenn die Wachstumsrate des Geschäftsvolumens der Sparkasse die Rate des Referenzinstituts übersteigt. Von einem Wettbewerbsnachteil sprechen wir dann, wenn das Geschäftsvolumenswachstums der Sparkasse hinter jener Wachstumsrate $\bar{w}$ zurückbleibt.

Das Wettbewerbsverhältnis der Sparkassen zu privaten Kreditinstituten ergibt sich, wenn man auf das ‚Kreditinstitut an sich' das Recht der Sparkassen und das privater Kreditinstitute anwendet und die Differenz (Δ) der sich ergebenden Wachstumsraten des Geschäftsvolumens bildet. Kennzeichnet der Index s respektive p die im hypothetischen Vergleich der Sparkasse respektive dem privaten Kreditinstitut zugeordneten Variablen, so läßt sich das Kriterium für Wettbewerbsneutralität in bezug auf Institute mit unterschiedlicher Rechtsform folgendermaßen schreiben:

$$\Delta = \frac{g_s (1 - t_s) + (z_s - a_s)}{e_s} - \frac{g_p (1 - t_p) + (z_p - a_p)}{e_p} = 0$$

Diese Darstellung macht deutlich, daß Wettbewerbsvor- respektive -nachteile der Sparkasse in Zusammenhang stehen können mit Unterschieden des Gewinn-Geschäftsvolumens-Verhältnisses, der Steuerquote als dem Verhältnis der Steuern vom Einkommen, vom Ertrag und vom Vermögen zum Gewinnvolumen, der Gewinnausschüttung und der Eigenkapitalzuführung, jeweils bezogen auf das Geschäftsvolumen, sowie der Eigenkapitalquote.

Das Stützel'sche Kriterium, das auf dem Vergleich der Nettoerträge pro Periode beruht, läßt sich als Grenzfall dieses Kriteriums auffassen. Ist der Differenzbetrag der Nettoerträge im Sinne Stützels Δ', so läßt sich das Stützel'sche Kriterium in Analogie zu dem vorhergehenden Ausdruck wie folgt schreiben:

$$\Delta' = (G_s (1 - t_s) - A_s) - (G_p (1 - t_p) - A_p) = 0$$

oder, wenn die DM-Variablen wieder auf das Geschäftsvolumen der betreffenden Periode bezogen werden:

$$\Delta' = \frac{(g_s (1 - t_s) - a_s) - (g_p (1 - t_p) - a_p)}{e} E = 0$$

Formal sind die Unterschiede zu dem oben entwickelten Kriterium für Wettbewerbsneutralität nicht sehr groß. In materieller Hinsicht sind sie jedoch beachtlich.

Dem Stützel'schen Ansatz liegt nämlich implizit die Annahme zugrunde, die unterschiedlichen Möglichkeiten der Sparkassen und der privaten Kreditinstitute in bezug auf eine Zuführung von Eigenkapital von außen seien wettbewerbspolitisch unbeachtlich. Aus dieser Annahme folgt, daß unter gewissen Voraussetzungen die Behauptung eines Startvorteils auf Seiten der Sparkassen im Sinne Stützels vereinbar ist mit im hypothetischen Vergleich anhaltenden Wachstums- und Marktanteilsverlusten der Sparkassen als Folge einer unzureichenden Eigenkapitalversorgung.

Die wettbewerbspolitischen Argumente Stützels, wie auch jene der Enquêtekommission, beziehen sich in erster Linie auf die in dem engen Startvorteilskriterium erfaßten Variablen. Es handelt sich dabei um die Auswirkungen unterschiedlicher Normen und Verwaltungsmaßnahmen auf das Gewinn-Geschäftsvolumens-Verhältnis, die Steuerquote und die Ausschüttungsquote.

In bezug auf die Steuerquote t_s diskutieren Stützel und die Enquêtekommission die zu ihrer Zeit jeweils geltenden steuerlichen Sonderregelungen für die Sparkassen im Bereich der Körperschaftsteuer, der Gewerbe- und der Vermögensteuer[46]. Im Zusammenhange mit der Argumentation der Enquêtekommission ist dabei beachtlich, daß die Kommission über das enge Startvorteilskriterium insofern hinausgeht, als sie die Frage stellt, auf welche Weise eine angemessene Eigenkapitalversorgung der Sparkassen nach der von ihr geforderten Korrektur der Steuerprivilegien dieser Institute gewährleistet werden könne. Sie weist dabei darauf hin, daß die Auswirkungen einer höheren steuerlichen Belastung des Gewinns der Sparkassen auf die Eigenkapitalbildung gegebenenfalls durch die Zuführung von Dotationskapital seitens der Träger neutralisiert werden müßte[47].

In bezug auf das Gewinn-Geschäftsvolumens-Verhältnis der Sparkassen (g_s) diskutiert Stützel von der Seite der Entstehung von Privilegienrenten die Auswirkungen der Vorteile der Sparkassen bei der Verteilung öffentlicher Einlagen, bei der Zuteilung von Emissionen öffentlicher Stellen und aus der Zuführung von Kunden durch öffentliche Stellen sowie aus Urkundenprivileg und aus Mündelsicherheit[48]. In dieser Variablen wird auch der Verbrauch von Privilegienrenten sowie die verdeckte Gewinnabführung an die Träger als Möglichkeit der Verwendung von Privilegienrenten erfaßt[49]. Zu berücksichtigen wären hier ferner Mindererträge als Folge von Geschäftsbeschränkungen, denen die Sparkassen im Unterschied zu privaten Kreditinstituten unterworfen sind.

---

[46] Vgl. Wolfgang Stützel, Bankpolitik heute und morgen, S. 66, Ziffer 136; vgl. auch Bericht der Enquêtekommission, S. 127 ff.

[47] Bericht der Enquêtekommission, S. 130 f.

[48] Vgl. Wolfgang Stützel, ebenda S. 69 ff., Ziffern 142 bis 147.

[49] Vgl. Wolfgang Stützel, ebenda, S. 73 ff., Ziffern 150 bis 161.

Die Enquêtekommission hält in bezug auf die Variable g_s die Einflußnahme öffentlicher Stellen zugunsten der Sparkassen und den besonderen Sicherheitsstatus öffentlich-rechtlicher Kreditinstitute für wettbewerbspolitisch relevant[50]. Die Kommission sieht auch die Auswirkungen der Geschäftsbeschränkungen der Sparkassen auf deren Erträge, bringt diese aber in Zusammenhang mit dem behaupteten ‚Nichtausschüttungsprivileg', das seinen Ausdruck, aus der Sicht der Kritiker dieses Privilegs jedenfalls, in einer im Vergleich zu der privater Kreditinstitute niedrigeren Ausschüttungsquote (a_s) der Sparkassen findet. Die in dieser Konjunktion angelegte strukturelle Besonderheit der Sparkassen veranlaßt die Kommission dazu, die Behauptung der Existenz eines ‚Nichtausschüttungsprivilegs' zurückzuweisen[51]. Stützel hingegen sieht in dem Umstand, „daß die Sparkassenträger den Sparkassen Beträge in Höhe der nach dem Kreditwesengesetz notwendigen und weiterer Rücklagen ohne Gegenleistung überlassen, ja daß Sparkassen überhaupt auf Bedienung der Anstaltseigner verzichten können ohne daß dadurch Einleger und andere Geldgeber abgeschreckt werden"[52], eine Privilegierung der Sparkassen und führt diese auf die Haftungsübernahme durch die Träger zurück. Danach gibt es eine Privilegienrente der Sparkassen deshalb, weil die Haftungsübernahme des Trägers unbeschränkt ist und ihr Wert den Wert anderer zusätzlicher Haftungsübernahmen übersteigt[53].

Über das enge Startvorteilskriterium hinausgehend greift die Enquêtekommission die Frage nach der Anerkennung der Haftung aus Anstaltslast und Gewährträgerhaftung als haftendes Eigenkapital bei Sparkassen auf. Ein von einer solchen Anerkennung ausgehender möglicher wettbewerbspolitischer Einfluß könnte in einer Änderung der Eigenkapitalquote der Sparkassen als dem Verhältnis des bilanzmäßig ausgewiesenen Eigenkapitals zum Geschäftsvolumen zum Ausdruck kommen. Wie schon vermerkt, lehnte die Kommission die Bemessung der öffentlichen Haftung als haftendes Eigenkapital der Sparkassen vor dem Hintergrund der Wettbewerbsverhältnisse im Jahre 1968 ab, weil dadurch die Wettbewerbsvorteile der Sparkassen und deren Möglichkeiten zu einer auf Expansion gerichteten Geschäftspolitik noch verstärkt worden wären[54].

Auf der Grundlage dieser Argumente zu *g*, *t* und *a* gelangten Stützel und die Enquêtekommission zu ihren Beurteilungen der Wettbewerbs-

---

[50] Bericht der Enquêtekommission, S. VII ff.

[51] Ebenda, S. 52.

[52] Wolfgang Stützel, Bankpolitik heute und morgen, S. 66, Ziffer 137.

[53] Vgl. Wolfgang Stützel, ebenda, S. 67, Ziffer 138.

[54] Bericht der Enquêtekommission, S. 69.

stellung der verschiedenen Gruppen von Kreditinstituten, insbesondere der Sparkassen. Von Stützel hingegen völlig vernachlässigt und von der Enquêtekommission eher am Rande behandelt wurden die in unserem Wettbewerbskriterium außerdem auftretenden Variablen *z*, die Zuführung von Eigenkapital von außen bezogen auf das Geschäftsvolumen, und *e*, die Eigenkapitalquote. Dabei ist bemerkenswert, daß es sich bei diesen beiden Variablen um solche handelt, die in besonderem Maße durch Unterschiede in den gesetzlichen und verwaltungsmäßigen Regelungen und in der Verwaltungspraxis beeinflußt werden. Im übrigen sind es jene Variablen, denen im Zusammenhang mit der Frage nach den wettbewerbspolitischen Implikationen der verschiedenen Reformvorschläge zu § 10 Abs. 2 KWG eine hervorragende Bedeutung zukommt.

In bezug auf die Variable *z* ist die Überlegung relevant, daß die öffentlich-rechtlichen Kreditinstitute nicht in den Markt für Risikokapital einbezogen und hinsichtlich ihrer Eigenkapitalversorgung von außen auf ihre Träger verwiesen sind. Dieser Umstand liefert einen der Gründe dafür, die Eigenkapitalversorgung öffentlich-rechtlicher Kreditinstitute als grundsätzlich wettbewerbspolitisch relevant anzusehen. Es gehört zu den in den rechtlichen Verhältnissen begründeten strukturellen Besonderheiten dieser Kreditinstitute, daß sie hinsichtlich ihrer Eigenkapitalversorgung von außen einseitig von der Bereitschaft und Fähigkeit der Anstaltsträger abhängig sind, ihnen das erforderliche Eigenkapital zuzuführen. Zu diesen Besonderheiten gehören auch gesetzliche Gewinnverwendungsregeln, die die Sparkassen z. B. in ihren Möglichkeiten, durch eine entsprechende Gewinnausschüttungspolitik auf die Bereitschaft der Träger, Eigenkapital zur Verfügung zu stellen, Einfluß zu nehmen, erheblich beschränken[55].

Ein Blick in die Statistik auf die bei einzelnen Gruppen von Kreditinstituten in der Vergangenheit realisierten Eigenkapitalzuführungsquoten läßt die Bedeutung der unterschiedlichen Eigenkapitalbeschaffungsmöglichkeiten dieser Gruppen und damit die Relevanz der Zuführungsquoten im Zusammenhange mit der Bestimmung der Wettbewerbsstellung dieser Gruppen ahnen[56].

In bezug auf die Eigenkapitalquote *e* sind zwei Aspekte zu unterscheiden. Der eine Aspekt bezieht sich auf die Bestimmungsgründe der

---

[55] Vgl. hierzu ‚Überlegungen zur langfristigen Stärkung des Eigenkapitals der Sparkassen', Deutscher Sparkassen- und Giroverband, Juli 1977, S. 45 ff.

[56] Betrachtet man die Nettozuführungsquote, d. h. $(z—a)$, so zeigt sich, daß in der Zeit von 1969 bis 1981 rund 31 % der Eigenkapitalfinanzierung der ‚Kreditbanken' per Saldo auf dem Wege über eine Finanzierung von außen erfolgte; bei den Kreditgenossenschaften betrug der entsprechende Satz 18 %, bei den Sparkassen hingegen — 3 %. Die Sparkassen hatten also eine ‚Nettoausschüttungsquote' zu verzeichnen.

optimalen Eigenkapitalquote bei unterschiedlichen Gruppen von Kreditinstituten; der andere steht im Zusammenhange mit den unterschiedlichen bankenaufsichtsrechtlichen Normen des § 10 Abs. 2 KWG.

In bezug auf die Höhe der optimalen Eigenkapitalquote ist anzunehmen, daß diese von dem unterschiedlichen Gewicht der verschiedenen Aufgaben, die das Eigenkapital bei den Kreditinstituten zu erfüllen hat, und — damit zusammenhängend — von den Haftungsverhältnissen, insbesondere von der Existenz und der Art der über das ausgewiesene Eigenkapital hinausgehenden Haftung, abhängt. Die verschiedenen Kreditinstitute unterscheiden sich rechtsformspezifisch in bezug auf die Haftungsverhältnisse erheblich. Während bei Aktienbanken z. B. die Haftung grundsätzlich auf die Eigenmittel der juristischen Person beschränkt ist, können sich die Sparkassen auf eine darüber hinausgehende Haftung ihrer Träger aus Anstaltslast und Gewährträgerhaftung stützen. Die Anstaltslast impliziert einen Anspruch der Sparkasse gegenüber dem Anstaltsträger, das Kreditinstitut ‚für die gesamte Dauer seines Bestehens funktionsfähig zu erhalten und etwaige finanzielle Lücken (Unterbilanz) auszugleichen‘[57]. Da solche rechtlich begründeten Unterschiede in den Haftungsverhältnissen Einfluß z. B. auf den Erwartungswert der Kosten einer Zuführung von Eigenkapital zum Zwecke des Ausgleichs einer Unterbilanz haben, sind sie für die Höhe der optimalen Eigenkapitalquote unmittelbar relevant.

Der andere Aspekt bezieht sich auf die Normen des § 10 Abs. 2 KWG in Verbindung mit Grundsatz I, aufgrund derer sich bei gegebener Aktivastruktur bestimmte, auf Dauer nicht zu unterschreitende Grenzen für die Eigenkapitalquoten ergeben. Mit den Abgrenzungen des haftenden Eigenkapitals für unterschiedliche Gruppen von Kreditinstituten werden gewichtige wettbewerbspolitisch relevante Daten durch die Bankenaufsicht gesetzt[58].

Bei Aktienbanken nennt der § 10 Abs. 2,2 KWG das eingezahlte Grundkapital und die offenen Rücklagen als haftendes Eigenkapital; bei den Kreditgenossenschaften werden neben den Geschäftsguthaben und den Rücklagen Haftsummenzuschläge beim haftenden Eigenkapital berücksichtigt; bei Kreditinstituten in der Rechtsform der offenen Handelsgesellschaft und der Kommanditgesellschaft findet neben den Geschäftsguthaben und den Rücklagen das ‚freie Vermögen‘ der persönlich haftenden Gesellschafter Anerkennung; bei Sparkassen werden trotz unbeschränkter Haftung durch die Gewährträger nur die Rücklagen als haftendes Eigenkapital berücksichtigt.

---

[57] Bericht der Enquêtekommission, S. 47.

[58] Vgl. Hans-J. Krümmel, Bankpolitische Normen und ihre Wirkungen auf das Bankgeschäft, in: Kredit und Kapital, 8. Jg. (1975), S. 533.

Unter sonst gleichen Bedingungen sind die bankenaufsichtlich minimalen Eigenkapitalquoten der verschiedenen Kreditinstitute rechtsformspezifisch recht unterschiedlich. Berücksichtigt man, daß bei Kreditgenossenschaften Haftsummenzuschläge bis zur Höhe der Hälfte des Gesamtbetrages der Geschäftsguthaben anerkannt werden, dann bedeutet dies, daß die unter sonst gleichen Voraussetzungen minimale Eigenkapitalquote der Kreditgenossenschaften um durchschnittlich ca. 30 % unter jener der Sparkassen liegt. Im Vergleich von Kreditinstituten in der Rechtsform offener Handelsgesellschaften und Kommanditgesellschaften mit den Sparkassen ist der prozentuale Abschlag zugunsten der erstgenannten Institute eher noch höher anzusetzen[59].

3. Ergebnis

Eine Untersuchung der wettbewerbspolitischen Aussagen der Bankenstrukturkommission zu den einzelnen Reformvorschlägen zu § 10 Abs. 2 KWG begründet die Vermutung, daß diesen Aussagen ein einheitliches wettbewerbspolitisches Konzept nicht zugrundeliegt. Die Bankenstrukturkommission bezieht sich verschiedentlich auf Argumente und Ergebnisse der Enquêtekommission der Bundesregierung, so daß die Annahme naheliegt, das wettbewerbspolitische Konzept der Enquêtekommission bilde auch die Basis für die wettbewerbspolitischen Bewertungen der Bankenstrukturkommission. Die Behandlung der Haftsummenzuschläge als haftendes Eigenkapital bei Kreditgenossenschaften scheint diese Annahme zu bestätigen trotz der von jener der Enquêtekommission abweichenden Empfehlung der Bankenstrukturkommission, die Haftsummenzuschläge im Laufe der Zeit zu beseitigen. Die Diskussion einer Anerkennung von Haftungszuschlägen als haftendes Eigenkapital bei Sparkassen hingegen zeigt, daß die Bankenstrukturkommission — entgegen einem unmittelbar anderen Eindruck — von dem wettbewerbspolitischen Konzept der Enquêtekommission in entscheidenden Punkten abweicht. Dies findet vor allem in der unterschiedlichen Berücksichtigung struktureller Besonderheiten der Sparkassen seinen Ausdruck. Die Bankenstrukturkommission wendet das wettbewerbspolitische Konzept der Enquêtekommission bei ihrer wettbewerbspolitischen Beurteilung der Reformvorschläge zu § 10 Abs. 2 KWG nicht konsequent an. Dies begründet den Eindruck, daß die Kommission bei unterschiedlichen Reformvorschlägen, die für verschiedene Gruppen von Kreditinstituten unterschiedliche Bedeutung haben, unterschiedliche Begriffe der Wettbewerbsneutralität verwendet.

Die Konsequenz daraus ist, daß sich die einzelnen wettbewerbspolitischen Aussagen der Bankenstrukturkommission zu den verschiedenen

---

[59] Vgl. Bericht der Enquêtekommission, S. 69.

Reformvorschlägen einer kritischen Prüfung unmittelbar entziehen. Eine solche Überprüfung setzt ein einheitliches, in seinen Implikationen klares und das ganze kreditwirtschaftliche Umfeld berücksichtigendes wettbewerbspolitisches Konzept voraus. Nur auf der Grundlage eines solchen Konzepts ist eine sachgerechte Bestimmung der Wettbewerbsstellung der verschiedenen Gruppen von Kreditinstituten als Voraussetzung für eine angemessene wettbewerbspolitische Bewertung der Reformvorschläge und damit der wettbewerbspolitischen Aussagen der Bankenstrukturkommission möglich.

Dieser Einsicht folgend wurde, aufbauend auf den Vorstellungen der Enquêtekommission und unter Verwendung des Stützel'schen Ansatzes, ein wettbewerbspolitisches Konzept entwickelt, das den vorgenannten Anforderungen genügt. Grundlegend für dieses Konzept ist die Prämisse, auf der auch die wettbewerbspolitischen Erwägungen der Enquêtekommission in bezug auf öffentlich-rechtliche Kreditinstitute basieren, daß Probleme der Eigenkapitalversorgung öffentlich-rechtlicher Kreditinstitute aufgrund der strukturellen Besonderheiten dieser Institute — insbesondere ihrer Aufgabenorientierung in Verbindung mit ihrer öffentlichen Trägerschaft — als wettbewerbspolitisch relevant angesehen werden müssen. Dies bedeutet, daß die für die Eigenkapitalversorgung öffentlich-rechtlicher Kreditinstitute relevanten gesetzlichen Normen und Verwaltungsmaßnahmen unter Aufrechterhaltung der ‚strukturnotwendigen Besonderheiten' dieser Institute aus wettbewerbspolitischen Gründen im Rahmen der bankenaufsichtlichen Möglichkeiten so gestaltet werden müssen, daß ein Eigenkapitalwachstum gewährleistet ist, aufgrund dessen — und hier orientieren wir uns an dem Stützel'schen Konzept — das sich im hypothetischen Vergleich für das Referenzinstitut ergebende gleichgewichtige Geschäftsvolumenswachstum auch bei den öffentlich-rechtlichen Kreditinstituten verwirklicht werden kann. Wenn diese Bedingung erfüllt ist, sprechen wir davon, daß diese Institute Wettbewerbsvorteile nicht aufweisen. Wettbewerbsnachteile auf Seiten öffentlich-rechtlicher Kreditinstitute liegen vor, wenn das Eigenkapitalwachstum dieser Institute hinter dem gleichgewichtigen Geschäftsvolumenswachstum zurückbleibt. In diesem Falle besteht bei den öffentlich-rechtlichen Kreditinstituten eine Eigenkapitalrestriktion aufgrund unzureichender Eigenkapitalversorgung, die im hypothetischen Vergleich mit anderen Kreditinstituten ihren Ausdruck in Wachstums- und Marktanteilsverlusten findet.

Dieses Begriffskonzept läßt sich analytisch dadurch ausfüllen, daß man das Eigenkapitalwachstum auf seine Determinanten zurückführt und sich damit den Zugang zur Beurteilung der wettbewerbspolitischen Implikationen unterschiedlicher Normen und Verwaltungspraktiken erleichtert.

In bezug auf die Eigenkapitalbildung aus Gewinnen sind es die Bruttogewinnquote, i. e. das Verhältnis der Bruttogewinne zum Geschäftsvolumen, die Steuerquote, i. e. das Verhältnis der Steuern vom Einkommen, Ertrag und Vermögen zum Bruttogewinn, und die Gewinnausschüttungsquote, i. e. in unserem Falle das Verhältnis der Gewinnausschüttungen zum Geschäftsvolumen, die von Bedeutung sind. In den Wettbewerbsuntersuchungen der Enquêtekommission und bei Stützel werden vor allem solche Normen und Verwaltungspraktiken in die Betrachtung einbezogen, die Auswirkungen auf vorstehende Variable haben.

In einem das ganze kreditwirtschaftliche Umfeld umfassenden wettbewerbspolitischen Konzept müssen die aufgeführten Variablen aber ergänzt werden durch zwei weitere Variable, die die Enquêtekommission nur beiläufig berücksichtigt, die aber unter den gegenwärtigen Bedingungen gerade für Sparkassen von besonderer Relevanz sind. Es handelt sich dabei um die Eigenkapitalzuführungsquote, i. e. das Verhältnis des von außen zugeführten Eigenkapitals zum Geschäftsvolumen, und um die tatsächliche respektive optimale Eigenkapitalquote. Diese beiden Variablen werden bei öffentlich-rechtlichen Kreditinstituten in besonderem Maße durch strukturelle Besonderheiten, die ihren Ausdruck in entsprechenden Normen und Verwaltungsmaßnahmen finden, beinflußt; man denke in diesem Zusammenhange nur an die einseitige Abhängigkeit der Sparkassen von der Bereitschaft und Fähigkeit der Gewährträger, ihren Instituten das erforderliche Eigenkapital zuzuführen, oder auch an die Bedeutung, die die besonderen Haftungsverhältnisse bei Sparkassen aus Anstaltslast und Gewährträgerhaftung für die Höhe der optimalen respektive der tatsächlichen Eigenkapitalquote haben können. Diese Variablen verdienen besondere Aufmerksamkeit im Zusammenhange mit der Diskussion um die Reform des § 10 Abs. 2 KWG, weil sich eine Durchführung dieser Reformvorschläge vor allem über diese beiden Variablen auf das Eigenkapitalwachstum und damit auf die Wettbewerbsstellung der einzelnen Gruppen von Kreditinstituten auswirkt.

In unserem wettbewerbspolitischen Konzept sind diese Variablen mit den von der Enquêtekommission und von Stützel besonders hervorgehobenen Variablen verbunden über die Bedingung für Wettbewerbsneutralität, die Forderung nach Gleichheit der Wachstumsrate des Eigenkapitals mit der sich im hypothetischen Vergleich für andere Kreditinstitute ergebenden gleichgewichtigen Wachstumsrate des Geschäftsvolumens.

Dieses wettbewerbspolitische Konzept hat im Zusammenhang mit einer Bewertung der wettbewerbspolitischen Auswirkungen der verschiedenen Reformvorschläge zu § 10 Abs. 2 KWG sowie einer Beurteilung der wettbewerbspolitischen Aussagen der Bankenstrukturkommission zwei Aufgaben zu erfüllen. Die erste Aufgabe besteht darin, einen zweckmäßigen analytischen Rahmen für die Untersuchung der Wettbewerbsstellung der verschiedenen Gruppen von Kreditinstituten im Vorfeld der Durchführung von Reformen zu § 10 Abs. 2 KWG abzugeben. Da die wettbewerbspolitischen Implikationen der verschiedenen Reformvorschläge von den Wettbewerbsverhältnissen im Kreditgewerbe unter den gegenwärtigen Bedingungen abhängen, ist eine solche Untersuchung im Interesse einer angemessenen Bewertung der Reformvorschläge unter wettbewerbspolitischen Gesichtspunkten unabdingbar. Die Bankenstrukturkommission hat, sieht man von den eher ad hoc eingeführten Überlegungen im Zusammenhang mit der Rechtfertigung einer weiteren Anerkennung des freien Vermögens und der Begründung ihrer Forderung nach einer Beseitigung von Haftsummenzuschlägen als haftendes Eigenkapital ab, diese Leistung nicht erbracht. Auch in dieser Hinsicht übrigens wird die Bankenstrukturkommission den wettbewerbspolitischen Vorstellungen der Enquêtekommission nicht gerecht, wenn sie die vielfältigen und zum Teil aus wettbewerbspolitischen Gründen seit 1967 durchgeführten Änderungen wettbewerblich relevanter Normen und Verwaltungsmaßnahmen bei ihrer Urteilsbildung unberücksichtigt läßt. Im folgenden Abschnitt werden wir, gestützt auf das oben entwickelte wettbewerbspolitische Konzept, der Frage nach der Wettbewerbsstellung der verschiedenen Gruppen von Kreditinstituten unter besonderer Berücksichtigung der Gruppe der Sparkassen unter den gegenwärtig geltenden Bedingungen nachgehen.

Die zweite Aufgabe des wettbewerbspolitischen Konzepts besteht darin, den Rahmen für eine Untersuchung jener wettbewerbspolitischen Veränderungen abzugeben, die sich bei Berücksichtigung unserer Ergebnisse über die Wettbewerbsverhältnisse im deutschen Kreditgewerbe unter den gegenwärtigen Bedingungen bei Durchführung der verschiedenen Reformvorschläge zu § 10 Abs. 2 KWG ergeben. Dies und eine kritische Prüfung der wettbewerbspolitischen Aussagen der Bankenstrukturkommission vor dem Hintergrund unserer Resultate wird Gegenstand des 4. Abschnitts sein.

III. Die Wettbewerbsverhältnisse im deutschen Kreditgewerbe unter den gegenwärtig geltenden Bedingungen, insbesondere den Regelungen des § 10 Abs. 2 KWG – unter besonderer Berücksichtigung des Wettbewerbsstatus der Sparkassen

Wie schon an dem Beispiel der wettbewerbspolitischen Konzeption der Enquêtekommission und insbesondere der Argumente dieser Kommission im Zusammenhang mit der Frage einer Anerkennung von Haftungszuschlägen als haftendes Eigenkapital bei Sparkassen deutlich wurde, müssen geplante Veränderungen gesetzlicher und verwaltungsmäßiger Normen und damit auch eventuelle Änderungen der Regelungen zu § 10 Abs. 2 KWG hinsichtlich ihrer wettbewerbspolitischen Implikationen vor dem Hintergrund der jeweils bestehenden Wettbewerbsverhältnisse beurteilt werden. Das Urteil der Enquêtekommission, eine Anerkennung von Haftungszuschlägen als haftendes Eigenkapital so lange nicht in Aussicht zu nehmen, als nicht ‚über den Sicherheitsaspekt hinausreichende Gründe die Anerkennung' rechtfertigen, ist dafür Beispiel, wenn solche Gründe in durch Wettbewerbsnachteile auf Seiten der Sparkassen bedingten Hindernissen für eine sachgerechte Wahrnehmung der im öffentlichen Interesse liegenden Aufgaben bestehen können[1]. Nach den Feststellungen der Kommission jedoch hatten die öffentlich-rechtlichen Kreditinstitute Wettbewerbsvorteile zu verzeichnen, die durch eine Anerkennung von Haftungszuschlägen noch verstärkt worden wären.

Eine angemessene wettbewerbspolitische Beurteilung aller Reformvorschläge zu § 10 Abs. 2 KWG setzt demnach eine von der Bankenstrukturkommission nicht geleistete Beurteilung der Wettbewerbsverhältnisse im deutschen Kreditgewerbe unter den gegenwärtigen Bedingungen voraus. Die Bankenstrukturkommission hat sich zwar mit der Frage befaßt, welche Änderungen sich seit dem Bericht der Enquêtekommission bezüglich der Wettbewerbsstellung der Kreditgenossenschaften ergeben haben, hat dabei allerdings durchaus nicht alle relevanten Veränderungen berücksichtigt. In bezug auf die Sparkassen hingegen beschränkt sich die Bankenstrukturkommission im Zusammenhang mit der Frage einer Anerkennung von Haftungszuschlägen

[1] Bericht der Enquêtekommission, S. 41.

auf die kurze Feststellung, es bestünden auch die Gründe, die anläßlich der Wettbewerbsuntersuchung 1968 zur Ablehnung einer Bemessung der Anstaltslast und Gewährträgerhaftung geführt hätten, nach wie vor fort. Diese Feststellung zwingt zu der Vermutung, daß die Bankenstrukturkommission trotz erheblich veränderter Wettbewerbsbedingungen im deutschen Kreditgewerbe von der Existenz von Wettbewerbsvorteilen auf Seiten der Sparkassen ausgeht und vor diesem Hintergrund ihre wettbewerbspolitische Bewertung der Reformvorschläge zu § 10 Abs. 2 KWG vornimmt. Diese Prämisse ist jedoch, wie wir bei dem Versuch, die wettbewerbspolitische Konzeption der Bankenstrukturkommission offenzulegen, gesehen haben, gerade aus der Sicht der Enquêtekommission, auf die sich die Bankenstrukturkommission bezieht, nicht unbedingt akzeptabel und muß deshalb überprüft werden.

Die Grundlage für diese Überprüfung und für eine Untersuchung der Wettbewerbsstellung der Sparkassen insbesondere bildet dabei das im vorhergehenden Abschnitt entwickelte Kriterium für Wettbewerbsneutralität, das über das enge Stützel'sche Startvorteilskriterium hinausgeht und in der Grundanlage den, wenn auch nicht systematisch ausgearbeiteten Vorstellungen der Enquêtekommission folgt. Zum Ausgangspunkt wählen wir die Ergebnisse der Enquêtekommission der Bundesregierung aus dem Jahre 1968. Wir entgehen damit, indem wir die wettbewerbspolitischen Urteile dieser Kommission und ihre Forderungen zur Korrektur von Wettbewerbsverschiebungen zur Basis unserer Überlegungen machen, dem Operationalitätsproblem, um den Preis allerdings, die wettbewerbspolitischen Urteile der Enquêtekommission als korrekt akzeptieren zu müssen.

1. Die Ergebnisse der Untersuchung der Wettbewerbsverhältnisse durch die Enquêtekommission der Bundesregierung als Ausgangspunkt

Nach dem Urteil der Enquêtekommission in ihrem Bericht, der am 10. November 1968 dem Bundestag zugeleitet wurde, existierten im deutschen Kreditgewerbe Wettbewerbsverschiebungen, vor allem zugunsten öffentlich-rechtlicher und genossenschaftlicher Kreditinstitute. Drei wesentliche Wettbewerbsverschiebungen seien insbesondere festzustellen a) im Zusammenhange mit bestehenden steuerlichen Sonderregelungen für einzelne Kreditinstitutsgruppen, b) aufgrund häufig einseitiger Einflußnahme öffentlicher Stellen zugunsten bestimmter Institutsgruppen und c) als Folge der Auswirkungen des besonderen Sicherheitsstatus öffentlich-rechtlicher Kreditinstitute auf andere

Rechtsbereiche, vor allem auf das Anlagerecht der Sozialversicherungsträger und der privaten Versicherungsunternehmen[2].

Im Vergleich zu diesen genannten Wettbewerbsverschiebungen erschienen der Kommission ‚sonstige Wettbewerbsverschiebungen' von geringem wirtschaftlichem Gewicht und ihre Bereinigung vor allem aus Gründen einer ‚Beruhigung und Versachlichung der Wettbewerbsdiskussion in der Kreditwirtschaft', weniger aus wettbewerbspolitischen Erwägungen heraus, wünschenswert[3].

a) Wettbewerbspolitische Würdigung steuerlicher Sonderregelungen durch die Enquêtekommission

Die Kommission sah im Bereich steuerlicher Sonderregelungen Wettbewerbsvorteile vor allem für Sparkassen, Kreditgenossenschaften und Institute des langfristigen Kredits. Im Unterschied zu anderen Bereichen, in denen sie Wettbewerbsverfälschungen festgestellt hatte, kam die Kommission hinsichtlich dieser durch steuerliche Regelungen bedingten Wettbewerbsverschiebungen nicht zu Vorschlägen für eine Bereinigung dieser Verschiebungen. Der Grund dafür lag darin, daß die Ergebnisse der Untersuchung der Bundesregierung schon vor Abschluß des Berichts im Zweiten Steueränderungsgesetz ihren Niederschlag gefunden hatten. Durch die Regelungen dieses Gesetzes, die aus der Sicht der Enquêtekommission einen ersten Schritt auf dem Wege zu einer wettbewerbsneutralen Besteuerung darstellten, erfolgte eine maßgebliche Korrektur der ‚Steuerprivilegien' von Sparkassen, Kreditgenossenschaften und Realkreditinstituten.

Bis einschließlich 1967 waren die Sparkassen, soweit sie der Pflege des eigentlichen Sparverkehrs dienten, sowohl von der Körperschaftsteuer wie von der Gewerbesteuer und der Vermögensteuer befreit. Zur Ermittlung des steuerbefreiten Gewinnteils wurde das sog. individuelle Schätzungsverfahren herangezogen, bei dem vom gesamten Bruttogewinn jener Prozentsatz als steuerfreier ‚Gewinn aus dem Sparverkehr' angesehen wurde, zu dem die Gesamtverbindlichkeiten Spareinlagen enthielten. Bei einem Anteil der Spareinlagen an den Gesamtverbindlichkeiten von 60 % war damit ein Anteil am Bruttogewinn in dieser Höhe steuerlicher Belastung entzogen. Der Körperschaftsteuersatz bei Sparkassen betrug 49 % auf das Einkommen; die Steuermeßzahl für den Gewerbeertrag 5 %, die Steuermeßzahl für das Gewerbekapital 2 ‰ und der Vermögensteuersatz 1 % auf das

[2] Bericht der Enquêtekommission, S. V ff.

[3] Ebenda, S. IX.

steuerpflichtige Vermögen. Die Normalsätze entsprachen damit weitgehend jenen privater Kreditinstitute. Das Zweite Steueränderungsgesetz brachte für die Sparkassen eine fühlbare Einschränkung ihrer ‚Steuerprivilegien'. Die Begünstigung, soweit sie der Pflege des eigentlichen Sparverkehrs diente, entfiel vollständig. Es wurde ein einheitlicher Körperschaftsteuersatz von 35 % festgelegt. Die Gewerbeertragsteuermeßzahl wurde mit der vollen Besteuerung des Gewerbeertrages von 5 % auf 3,5 % ermäßigt; im Rahmen der Vermögensbesteuerung wurden 70 % des Wertes des Betriebsvermögens angesetzt.

Unterstellt man als durchschnittlichen Anteil der Spareinlagen an den Gesamtverbindlichkeiten bei den Sparkassen einen Satz von 60 % und ein Verhältnis der Gewinne vor Steuern zum Eigenkapital von rd. 20 %, dann ergibt sich für die Zeit vor Inkrafttreten des Zweiten Steueränderungsgesetzes eine prozentuale Gewinnbelastung durch Einkommen-, Gewerbe- und Vermögensteuer von etwa 23 %. Nach der Steuerreform stieg die prozentuale Steuerbelastung des Gewinns auf 45,9 %. Sie lag damit allerdings noch deutlich unter dem im hypothetischen Steuerbelastungsvergleich ermittelten Satz für Aktienbanken von 59 %, jenem Satz, der sich für den Fall eines Verzichts auf Gewinnausschüttung ergab.

Für die Kreditgenossenschaften galt in der Zeit vor dem Inkrafttreten des Zweiten Steueränderungsgesetzes ein ermäßigter Körperschaftsteuersatz von 19 % dann, wenn Kredite ausschließlich an Mitglieder gewährt wurden. Die Steuermeßzahl für die Gewerbeertragsteuer war auf 1/3 von 5 % ermäßigt, die Steuermeßzahl für das Gewerbekapital betrug 2 ‰. Die Geschäftsguthaben der Mitglieder waren aber vom Gewerbekapital abzugsfähig. Vorteile ergaben sich auch bei der Vermögensteuer insofern, als vom steuerpflichtigen Vermögen die Geschäftsguthaben der Genossen abgezogen werden konnten. Bei einem Anteil der Geschäftsguthaben am Eigenkapital der Kreditgenossenschaften von 60 % läßt sich auf der Grundlage dieser Sätze im hypothetischen Steuerbelastungsvergleich eine steuerliche Belastung des Gewinns aus Einkommen-, Gewerbe- und Vermögensteuer von rd. 26 % errechnen.

Das Zweite Steueränderungsgesetz brachte für die Kreditgenossenschaften eine Erhöhung des ermäßigten Körperschaftsteuersatzes von 19 auf 32 %, sofern Kredite ausschließlich an Mitglieder gewährt wurden. Die Steuermeßzahl für die Gewerbeertragsteuer wurde wie für die Sparkassen auf 3,5 % festgesetzt. Dies führte zu einer Zunahme der hypothetischen Steuerbelastung auf einen Satz von etwa 39 % und damit zu einer fühlbaren Verminderung des ‚Steuerprivilegs' der Kreditgenossenschaften.

In der Würdigung der wettbewerbspolitischen Implikationen des Zweiten Steueränderungsgesetzes machte die Untersuchungskommission der Bundesregierung deutlich, daß diesem Schritt weitere Steuerreformmaßnahmen zum Abbau der Sonderstellung der Sparkassen, Kreditgenossenschaften und Institute des langfristigen Kredits folgen müßten. Sie hielt dies insbesondere dann für erforderlich, wenn die geschäftliche Expansion der begünstigten Gruppen von Kreditinstituten vor allem in Bereichen, die ihrem Auftrage fern liegen, ungebrochen weiterginge[4].

b) Wettbewerbsverschiebungen als Folge einseitiger Einflußnahme öffentlicher Stellen

Gewichtige Wettbewerbsverschiebungen sah die Enquêtekommission der Bundesregierung auch im Zusammenhange mit der Einflußnahme öffentlicher Stellen zugunsten insbesondere öffentlich-rechtlicher Kreditinstitute. Angesichts des wirtschaftlichen Gewichts, das dem öffentlichen Sektor in der Gesamtwirtschaft und damit auch auf den Finanzmärkten in heutiger Zeit zukomme, sei eine Einflußnahme öffentlicher Stellen zugunsten bestimmter Institutsgruppen notwendigerweise von erheblicher wettbewerbspolitischer Bedeutung. Es sei mit dem Grundsatz der Wettbewerbsneutralität nicht mehr vereinbar, wenn insbesondere finanzkräftige Gebietskörperschaften ausschließlich oder im wesentlichen nur mit bestimmten öffentlich-rechtlichen Kreditinstituten zusammenarbeiteten. Während im Bereich von Bund und Ländern keine gesetzlichen Hindernisse bestünden, dem Grundsatz der Wettbewerbsneutralität in der Beziehung zu Kreditinstituten unterschiedlicher Art Rechnung zu tragen, existierten im Bereich des kommunalen Sektors Regelungen des Kassen- und Rücklagenrechts, die ein wettbewerbsneutrales Verhalten der Kommunen verhinderten. Die Forderung der Kommission zielte daher darauf ab, die gesetzlichen Erschwernisse für ein solches Verhalten zu beseitigen und den Kommunen den Weg zu ebnen, Bankverbindungen auch mit privaten Kreditbanken und Kreditgenossenschaften aufzunehmen. Die Enquêtekommission räumte allerdings ein, daß die Verwaltungen unter dem Gebot wirtschaftlicher Verwaltungsführung berechtigt bleiben müßten, mit bestimmten Kreditinstituten als Hausbanken zusammenzuarbeiten.

c) Wettbewerbsverschiebungen aufgrund des besonderen Sicherheitsstatus öffentlich-rechtlicher Kreditinstitute

Wettbewerbsverschiebungen von Gewicht sah die Enquêtekommission der Bundesregierung schließlich im Zusammenhange mit dem beson-

---

[4] Bericht der Enquêtekommission, S. VI.

deren Sicherheitsstatus öffentlich-rechtlicher Kreditinstitute, der die Basis für die bevorzugte Berücksichtigung öffentlich-rechtlicher Kreditinstitute im Bereich der Mündelsicherheit, des Anlagerechts der Sozialversicherungsträger und der privaten Versicherungsunternehmen bildet. Während es der Kommission in dem Bereich des Mündelrechts unter den damals bestehenden Verhältnissen der Einlagensicherung nicht möglich erschien, die de lege lata auf öffentliche Sparkassen beschränkte subjektive Mündelsicherheit auf andere Kreditinstitute auszudehnen, weil hier im Interesse des Mündels besonders strenge Sicherheitsmaßstäbe angelegt werden müßten, sei angesichts der durch die Einführung der Bankenaufsicht veränderten Verhältnisse in der Kreditwirtschaft das Sicherheitsproblem im Rahmen des Anlagerechts der Sozialversicherungsträger und der privaten Versicherungsunternehmen anders zu beurteilen. Unter wettbewerbspolitischen Gesichtspunkten sei, so der Vorschlag der Bundesregierung, eine Änderung der Anlagevorschriften der Reichsversicherungsordnung und des Versicherungsaufsichtsgesetzes vorzunehmen derart, daß Gelder der Sozialversicherung und der privaten Versicherungsunternehmen grundsätzlich bei allen Kreditinstituten angelegt werden könnten. Wichtige gesetzlich bedingte Wettbewerbsverzerrungen zugunsten öffentlich-rechtlicher Kreditinstitute könnten auf diesem Wege beseitigt werden.

2. Die Wirkungen von Änderungen steuerlicher und anderer Normen seit 1968 auf die Wettbewerbsverhältnisse im Kreditgewerbe — insbesondere auf die Wettbewerbsstellung der Sparkassen

Die in wettbewerbspolitischer Hinsicht relevante Entwicklung im Kreditgewerbe seit 1968 ist durch die Änderungen zahlreicher steuerlicher und anderer Normen zum Teil in Erfüllung der durch die Enquêtekommission der Bundesregierung geforderten Bereinigungen tatsächlicher oder vermeintlicher Privilegien vor allem der Sparkassen, aber auch der Kreditgenossenschaften gekennzeichnet. In bezug auf das früher entwickelte Kriterium für Wettbewerbsneutralität lassen sich die getroffenen Maßnahmen als Einflußnahmen auf das Gewinn-Geschäftsvolumensverhältnis (g) und auf die Steuerbelastungsquote (t) interpretieren.

a) Maßnahmen zur Korrektur von Wettbewerbsverschiebungen aufgrund einseitiger Einflußnahme öffentlicher Stellen und des besonderen Sicherheitsstatus öffentlich-rechtlicher Kreditinstitute

Die von der Enquêtekommission geforderten Veränderungen der Vorschriften des kommunalen Rechnungs- und Kassenwesens sowie der Regelungen der Rücklagenverordnung, die dem Ziel dienen sollten, die wettbewerbsmäßige Begünstigung insbesondere der Sparkassen abzubauen, wurden durchgeführt. So wurde z. B. die Regelung, der zufolge Rücklagen der Gemeinden bis zu ihrer Verwendung außer in Staatspapieren in erster Linie bei öffentlichen Sparkassen und sonstigen kommunalen Kreditanstalten der Länder angelegt werden sollten, aufgehoben.

Gleiches gilt für die geforderte Reform des Anlagerechts der Sozialversicherungsträger und der privaten Versicherungsunternehmen. Mit der Reform des Gesetzes über die Beaufsichtigung der privaten Versicherungsunternehmen vom 20. 12. 1974 und durch die Regelungen des 4. Buches des Sozialgesetzbuches vom 23. 12. 1976 wurden die ‚Privilegien‘ der öffentlich-rechtlichen Kreditinstitute abgeschafft. Eine Ausdehnung der subjektiven Mündelsicherheit auf andere Kreditinstitute, die die Enquêtekommission für den Fall in Betracht gezogen hatte, daß Einlagensicherungssysteme die geforderte Sicherheit für die Gläubiger der Kreditinstitute bringen würden, ist bislang nicht erfolgt. Angesichts der Tatsache, daß unter den gegenwärtigen Bedingungen Mündelgelder bei praktisch allen Kreditinstituten angelegt werden können[5], und bei Berücksichtigung des geringen wirtschaftlichen Gewichts, das den hierbei in Frage kommenden Beträgen zukommt[6], ist die Forderung nach Ausdehnung der subjektiven Mündelsicherheit wettbewerbspolitisch ohne großes Gewicht.

Man kann davon ausgehen, daß damit den aus wettbewerbspolitischen Gründen vorgetragenen Forderungen der Enquêtekommission auf dem Gebiete der nicht steuerlichen Normen Rechnung getragen wurde und bei Sicherung der Einhaltung der Forderung nach wirtschaftlicher Verwaltungsführung den in der Verwaltungspraxis begründeten Vorteilen für öffentlich-rechtliche Kreditinstitute keine größere Bedeutung beizumessen ist. Dem immer wieder vorgetragenen Hinweis auf den hohen Anteil der Sparkassen an den Einlagen und Krediten der Gemeinden und Gemeindeverbände kommt für sich genommen — was schon Wolfgang Stützel betont hat — noch keine Beweiskraft für die behauptete Wettbewerbsverzerrung zu[7].

b) Maßnahmen zur Korrektur von Wettbewerbsverschiebungen aufgrund steuerlicher Sonderregelungen

In steuerlicher Hinsicht erfolgte für die Sparkassen nach dem fühlbaren Abbau der Steuerprivilegien durch das Zweite Steueränderungs-

[5] Vgl. Jürgen Meyer-Köster, Die Sonderstellung der Sparkassen im Wettbewerb, Göttingen 1979, S. 183.

[6] Bericht der Enquêtekommission, S. 55.

[7] Vgl. Wolfgang Stützel, Die Aufgaben der Banken ..., S. 444 f.

gesetz des Jahres 1967 mit dem Vermögensteuerreformgesetz im Jahre 1974 zunächst eine Anhebung des steuerrelevanten Werts des Betriebsvermögens von 70 % auf 85 %, die Auswirkungen auf die Vermögen- und Gewerbekapitalsteuer der Sparkassen hatte. Außerdem wurde die Steuermeßzahl bei der Gewerbeertragsteuer von 3,5 % auf 4,25 % angehoben. Das Haushaltsstrukturgesetz des Jahres 1975 brachte schließlich eine drastische Anhebung des Körperschaftsteuersatzes für Sparkassen um 8 %-Punkte auf 43 % des Einkommens der Sparkassen. Im Zusammenhange mit der Körperschaftsteuerreform des Jahres 1977 wurde der Körperschaftsteuersatz für Sparkassen weiter auf 44 % des Einkommens erhöht.

Berücksichtigt man die durch das Steueränderungsgesetz vom 16. 8. 1977 erfolgte allgemeine Senkung der Vermögensteuersätze und geht man wiederum von einer Bruttoeigenkapitalrendite von 20 % aus, so läßt sich im hypothetischen Steuerbelastungsvergleich eine Gewinnbelastung der Sparkassen mit Körperschaft-, Gewerbe- und Vermögensteuer in Höhe von rd. 54,6 % ermitteln. Dies bedeutet eine Zunahme gegenüber den Verhältnissen unmittelbar nach Inkrafttreten des Zweiten Steueränderungsgesetzes um 8,7 %-Punkte und im Vergleich zur Zeit vor Inkrafttreten des Zweiten Steueränderungsgesetzes eine Zunahme von 31,3 %-Punkten auf das Einkommen der Sparkassen.

Die letzten für die Sparkassen relevanten Änderungen brachte das ‚Subventionsabbaugesetz' vom 26. 6. 1981. Aufgrund dieses Gesetzes wurde der Körperschaftsteuersatz der Sparkassen von 44 % auf 50 %, den vollen Steuersatz gemäß § 23 Abs. 2 KStG angehoben. Außerdem wurde der steuerliche Wert des Betriebsvermögens von 85 % auf 100 % und die Steuermeßzahl für die Gewerbeertragsteuer auf 5 % erhöht. Damit ist für die Sparkassen die Vollbesteuerung im Sinne einer Anwendung einheitlicher Steuernormen erreicht.

Durch diese steuerlichen Änderungen stieg die hypothetische Gewinnbelastung aufgrund von Körperschaftsteuer, Gewerbe- und Vermögensteuer um weitere 6,7 %-Punkte auf einen Satz von 61,3 %. Innerhalb von 15 Jahren hat sich damit die steuerliche Belastung des Gewinns bei den Sparkassen um 38 %-Punkte erhöht, steht den Sparkassen also nur noch ein Anteil von im hypothetischen Fall 39 % des Gewinns gegenüber 77 % vor dem zweiten Steueranpassungsgesetz zur Eigenkapitalbildung zur Verfügung.

Diese Veränderungen in der Steuerbelastung sind vor dem Hintergrund der allgemeinen Entwicklung der steuerlichen Normen und damit auch der für private Kreditinstitute geltenden Bestimmungen zu sehen. Das Körperschaftsteuerreformgesetz 1977 brachte auch den Aktienbanken deutlich höhere Steuersätze. So wurde der bis dahin geltende

Körperschaftsteuersatz für einbehaltene Gewinne von 51 % auf 56 % erhöht. Zugleich aber wurde mit der Einführung der Anrechenbarkeit des auf die Ausschüttung der Aktienbank entfallenden Teils der Körperschaftsteuer auf die Steuerschuld der Anteilseigner die steuerliche Doppelbelastung beseitigt, weshalb die in Höhe von 36 % auf die ausgeschütteten Gewinne von der Aktienbank zu entrichtende Körperschaftsteuer als eine Steuervorauszahlung für die Gesellschafter angesehen werden kann.

Unterstellt man im Rahmen eines hypothetischen Steuerbelastungsvergleichs für die Aktienbank, Gewinne würden nicht zur Ausschüttung gebracht, dann ergibt sich eine Belastung des Gewinns der Aktienbank aus Körperschaft-, Gewerbe- und Vermögensteuer nach geltenden Normen in Höhe von 66,4 % und damit eine Steigerung gegenüber der Zeit vor der Körperschaftsteuerreform im Jahre 1977 um 7,5 %-Punkte. Diese Berechnung trägt jedoch den durch die Einführung des Anrechnungsverfahrens noch erweiterten Gestaltungsmöglichkeiten der Aktienbanken keine Rechnung und erscheint schon deshalb von eher theoretischer Bedeutung, als die Aktienbanken mit Ausschüttungen in der Größenordnung von 60 bis 80 % des Gewinns nach Steuern (bei den Großbanken lag dieser Prozentsatz in den letzten Jahren bei ca. 65 %) von ihren Gestaltungsmöglichkeiten in großem Umfange Gebrauch machen.

Ein unter wettbewerbspolitischen Gesichtspunkten möglicher Steuerbelastungsvergleich, der allerdings hinsichtlich seiner Ergebnisse unter einem Vorbehalt steht, der sich aus dem partialen Charakter eines solchen Vergleichs ergibt, könnte unter Berücksichtigung der steuerlichen Gestaltungsmöglichkeiten der Aktienbanken auf der im Folgenden entwickelten Modellvorstellung aufgebaut werden. Man betrachtet ein ‚Kreditinstitut an sich', das durch eine bestimmte lebenstypische Sachverhaltskombination gekennzeichnet ist. Findet auf dieses Institut das Steuerrecht der Sparkassen Anwendung, dann hat dieses eine steuerliche Belastung seines Gewinns, unabhängig von der Höhe der Ausschüttungen, von rd. 61,3 % hinzunehmen. Dies bedeutet, daß maximal 38,7 % des Gewinns der Eigenkapitalbildung der Sparkasse zugeführt werden kann. Für das gleiche Kreditinstitut in der Rechtsform der Aktienbank beträgt der prozentuale Anteil am Bruttogewinn, der dem Eigenkapital im Wege der Gewinnthesaurierung zugeführt werden kann, bei Verzicht auf Gewinnausschüttungen nur 33,6 % des Bruttogewinns. Die Aktienbank besitzt aber die Möglichkeit, über Ausschüttungen die eigene steuerliche Belastung zu vermindern. Allerdings vermindern sich mit der Ausschüttung von Gewinnen auch die dem Institut für Eigenkapitalbildung aus Gewinnen direkt verbleibenden Beträge.

Zu einem sinnvollen Vergleich mit den Verhältnissen bei der Sparkasse kann man aber dann kommen, wenn man unterstellt, die Aktienbank nutze die Gestaltungsmöglichkeiten des für sie geltenden Steuerrechts, um auf dem Wege über Ausschüttungen und das Zurückholen ausgeschütteter Beträge im Wege der Kapitalerhöhung ihre Steuerbelastung zu reduzieren. Wir nehmen an, die Aktienbank erhöhe das Eigenkapital in einer Periode über die Gewinnthesaurierung hinaus genau um den Betrag, der den Anteilseignern auf die ausgeschütteten Beträge nach Steuern verbleibt. Der für Sparkassen und Aktienbanken im Modell unterstellte gleichgroße Bruttogewinn teilt sich dann bei Sparkassen wie Aktienbanken auf Eigenkapitalzunahme einerseits und Steuerzahlungen andererseits auf. Ist die Gesamtbelastung der Aktienbank aus Steuerzahlungen und Kosten der Kapitalerhöhung, die in diesem Modellfalle Berücksichtigung finden müssen, größer als die Steuerbelastung der Sparkasse, verbleibt der Aktienbank vom Bruttogewinn ein kleinerer Betrag an Eigenkapitalzunahme als der Sparkasse. Im Sinne des obigen Vergleichskriteriums hätten wir dann von einem Wettbewerbsvorteil der Sparkasse gegenüber der Aktienbank zu sprechen.

Bei der Durchführung eines hypothetischen Gesamtbelastungsvergleichs unter Berücksichtigung von Steuerzahlungen und Kosten der Kapitalerhöhung ergibt sich ein besonderes Problem insofern, als die für den Vergleich relevante Steuerbelastung der Aktienbank, die die Steuerzahlungen der Anteilseigner auf die ausgeschütteten Gewinne in unserem Modellfall zu erfassen hat, von der Höhe der Steuersätze dieser Anteilseigner abhängt. Unter diesen Bedingungen ist es erforderlich, bei der Ermittlung der Belastung des Bruttogewinns aus Steuern und Kapitalerhöhungskosten nicht nur unterschiedliche Ausschüttungsquoten zu betrachten, sondern auch unterschiedliche Steuersätze der Anteilseigner in Rechnung zu stellen.

Eine Untersuchung der hier skizzierten Art wurde neuerdings von Oberkönig für unterschiedliche Typen von Aktienbanken unter allerdings einigen vereinfachenden Annahmen durchgeführt[8]. Zu diesen Vereinfachungen gehört u. a. die Vernachlässigung der Gewerbekapital- und Vermögensteuer. Diese Vernachlässigung hat gewisse Ergebnisverzerrungen zur Folge, die aber im Vergleich nicht allzu schwer wiegen, wenn man bei der Sparkasse als dem Vergleichsinstitut entsprechende Vereinfachungen in Zusammenhang mit der Ermittlung der Steuerbelastung vornimmt.

---

[8] Peter Oberkönig, Steuerbelastung und Steuerpolitik von Universalbanken, Köln 1979.

Wir betrachten im Folgenden eine Aktienbank, deren Gesellschafter natürliche Personen sind, die ihre Beteiligungen im Privatvermögen halten. Der allgemeine Körperschaftsteuersatz beträgt 56 %, der auf ausgeschüttete Gewinne 36 %; die Steuermeßzahl für den Gewerbeertrag sei 5 %, der Hebesatz betrage 300 %. An Kosten der Kapitalerhöhung werden die Gesellschaftsteuer in Höhe von 1 % der Gegenleistung für die zu erwerbenden Gesellschaftsrechte und spezielle Emissionskosten in Höhe von 4 % der Kapitalerhöhung in Rechnung gestellt[9]. Die Anteilseigner werden mit unterschiedlichen Einkommensteuersätzen in die Berechnung einbezogen.

Bei Beschränkung auf die durch die ‚lebenstypische Sachverhaltscharakteristik' als relevant anzusehenden Ausschüttungsquoten bei Aktienbanken ergeben sich folgende Werte für die Abweichung der prozentualen Gesamtbelastung aus Steuern und Finanzierungskosten des Gewinns der Aktienbank von der entsprechenden prozentualen Steuerbelastung der Sparkasse[10] — ausgedrückt in %-Punkten:

Ausschüttungs-quote	Anteilseignerbelastung durch Einkommensteuer			
	0,3	0,36	0,4	0,5
0,6	− 4,72	− 2,19	− 0,52	+ 3,71
0,7	− 6,84	− 3,78	− 1,72	+ 3,38
0,8	− 9,13	− 5,49	− 3,02	+ 2,98
0,9	− 11,62	− 7,35	− 4,52	+ 2,53
1,0	− 14,32	− 9,39	− 6,12	+ 2,18

Die Angaben der Tabelle sind wie folgt zu interpretieren: Der für die ‚lebenstypische' Ausschüttungsquote von 80 % des Gewinns nach Steuern für einen Einkommensteuersatz auf der Seite der Anteilseigner von 36 % sich ergebende Faktor von —5,49 bedeutet, daß die Gesamtbelastung der Aktienbank aus Steuern und Finanzierungskosten um 5,49 %-Punkte unter der Steuerbelastung der Sparkassen in Höhe von 56,52 % liegt. Die Gesamtbelastung der Aktienbank beträgt demnach 51 %. Die Gesamtbelastungen bei Sparkassen und Aktienbanken sind sich also bei einem Ausschüttungssatz von 60 % und einem Steuersatz der Anteilseigner von ca. 40 % annähernd gleich. In allen jenen Fällen, in denen die Zahl mit negativem Vorzeichen erscheint, ist demnach

[9] Vgl. Peter Oberkönig, Steuerbelastung und Steuerpolitik von Universalbanken, S. 443.

[10] Der für die Sparkasse relevante Satz beträgt 0,5652.

gemäß unserer vorstehenden Überlegung der der Aktienbank aus einem bestimmten Gewinn vor Steuern (nach Ausschüttungen und Kapitalerhöhungen) verbleibende Betrag an Eigenkapitalerhöhung höher als der der Sparkasse. Im Sinne des durch seinen partialen Charakter beschränkten Kriteriums für Wettbewerbsvorteile wäre in diesem Zusammenhange ein Wettbewerbsvorteil für die Aktienbank zu konstatieren. Bei positivem Vorzeichen der jeweiligen Faktoren würde der Wettbewerbsvorteil bei der Sparkasse liegen. Aus der Sicht unseres früher entwickelten umfassenden Kriteriums für Wettbewerbsneutralität sind mit diesem Vergleich der Belastungen aus Steuern und Finanzierungskosten unter Modellbedingungen die t-Parameter angesprochen.

Die Werte in der Tabelle lassen die beachtlichen Möglichkeiten erkennen, die die Aktienbanken besitzen, durch Veränderungen der Ausschüttungsquote die Belastung ihres Gewinns durch Steuern zu beeinflussen. Durch hohe Ausschüttungsquoten sind die Aktienbanken in der Lage, ihre prozentuale Gewinnbelastung aus Steuern und Finanzierungskosten bis zur Höhe von Einkommensteuersätzen der Anteilseigner von 48 % unter oder doch etwa in der Höhe der entsprechenden prozentualen Belastungen der Sparkassen zu halten. Die Werte zeigen auch, welches Gewicht der Höhe der Steuersätze der Anteilseigner zukommt, und machen damit deutlich, welche Bedeutung für die Aktienbank der Struktur der Anteilseigner unter dem Gesichtspunkt der unterschiedlichen Einkommensteuersätze und unter Berücksichtigung der Höhe der jeweiligen Beteiligungsanteile beizumessen ist. Angesichts dieser Umstände ist klar, daß ein generelles Urteil über Wettbewerbsvor- resp. -nachteile der Sparkassen gegenüber Kreditinstituten in der Rechtsform von Kapitalgesellschaften unter steuerlichen Gesichtspunkten nicht möglich ist. Immerhin hat man jedoch aufgrund der Werte in der obigen Tabelle davon auszugehen, daß systematische Steuervorteile der Sparkassen gegenüber diesen Kreditinstituten spätestens seit den Regelungen des Subventionsabbaugesetzes nicht mehr existieren.

Auch für die Kreditgenossenschaften haben sich nach 1968 eine Reihe steuerlicher Maßnahmen ergeben, als deren Ziel der weitere Abbau von Steuerprivilegien angesehen werden kann. So wurde wie für die Sparkassen die Steuermeßzahl für die Gewerbeertragsteuer im Jahre 1974 auf 4,25 % festgesetzt; die Begünstigung, bei der Ermittlung des Einheitswerts des Vermögens die Geschäftsguthaben der Mitglieder voll absetzen zu können, wurde durch die Verminderung des Abzugs auf die Hälfte der Geschäftsguthaben eingeschränkt. Im Zusammenhang mit dem Haushaltsstrukturgesetz wurde der Körperschaftsteuersatz von 32 % auf 41 % des Einkommens der Kreditgenossenschaften erhöht. Im Rahmen des Körperschaftsteuerreformgesetzes 1977 erfolgte eine weitere Anhebung des Körperschaftsteuersatzes auf 46 %. Das Steuerreformgesetz 1977 brachte allerdings auch einige für die Kreditgenossenschaften beachtliche vorteilhafte Neuerungen. So wurde mit diesem Gesetz der schon im Genossenschaftsgesetz 1974 vollzogenen Aufhebung der Bedingung, ausschließlich an Mitglieder Kredite vergeben zu dürfen, insofern Rechnung getragen, als bestehende Steuerpräferenzen für Kreditgenossenschaften seitdem nicht mehr an die Einhaltung dieser Bedingung geknüpft sind. Außerdem wurden die Kreditgenossenschaften in das körperschaftsteuerrechtliche Anrechnungsverfahren einbezogen, wobei die Ausschüttungsbelastung wie bei den Aktienbanken bei 36 % liegt. Im Zusammenhang mit dem Subventionsabbaugesetz schließlich wurde der Körperschaftsteuersatz auf 56 % erhöht und die steuerlichen Privilegien der Kreditgenossenschaften im Bereich der Gewerbe- und Vermögensteuer abgebaut.

Unter Berücksichtigung des seit 1977 auch für Kreditgenossenschaften geltenden Vermögensteuersatzes von 0,7 % auf das steuerpflichtige Vermögen ergibt sich im hypothetischen Steuerbelastungsvergleich für die Kreditgenossenschaften für den Fall, daß Gewinne nicht ausgeschüttet werden, ein Belastungssatz von 66,4 % im Vergleich zu 39,2 % unmittelbar nach Inkrafttreten des Zweiten Steueränderungsgesetzes 1968. Der Satz von 66,4 % liegt über jenem der Sparkassen. Diese Angabe ist allerdings wiederum eher von theoretischem Interesse, trägt sie doch den mit dem Körperschaftsteuerreformgesetz 1977 für die Kreditgenossenschaften eröffneten Möglichkeiten der Gestaltung der steuerlichen Belastung durch die Institute keine Rechnung. Dabei sind diese Gestaltungsmöglichkeiten bei Kreditgenossenschaften als beachtlich einzuschätzen, da die Einkommensteuersätze der Mitglieder von Kreditgenossenschaften infolge ihres vermutlich relativ niedrigen Einkommens — dieses Einkommen wäre zu vergleichen mit den Einkommen von Anteilseignern der Kapitalgesellschaften — als vergleichsweise niedrig anzusehen sind. Auch der Umstand, daß die Kosten der Kapitalerhöhung bei Kreditgenossenschaften im Vergleich zu privaten Aktienbanken niedrig sind, vollzieht sich doch die Kapitalerhöhung bei Kreditgenossenschaften vielfach durch einfache Gutschrift der ausgeschütteten Gewinne auf den Geschäftsguthabenkonten der Genossen, begünstigt das Ausmaß der Möglichkeiten für die Kreditgenossenschaften, auf die Steuerbelastung Einfluß zu nehmen.

Führt man einen hypothetischen Steuerbelastungsvergleich wie für die Aktienbanken durch, in dem man die Gesamtbelastung aus Steuern und Finanzierungskosten in Prozent des Bruttogewinns erfaßt, der sich ergibt für den Fall, daß die ausgeschütteten Gewinne nach Versteuerung durch die Mitglieder der Genossenschaft wieder an die Kreditgenossenschaft zurückgeführt werden, so ergeben sich bei Annahme eines Steuersatzes der Genossen von 36 % folgende Werte an Belastungen des Bruttogewinns für alternative Ausschüttungsquoten:

Ausschüttungsquote	0,6	0,7	0,8	0,9	1,0
Steuerbelastung	0,516	0,50	0,48	0,461	0,44

Diese Werte, die wieder für den vereinfachten Fall einer Nichtberücksichtigung der Gewerbekapital- und der Vermögensteuer und außerdem unter Vernachlässigung der Kosten der Kapitalerhöhung errechnet wurden, zeigen sehr deutlich die Gestaltungsmöglichkeiten der Kreditgenossenschaften nach dem Körperschaftsteuerreformgesetz 1977. Die hypothetische Steuerbelastung der Kreditgenossenschaft bei Verzicht auf Gewinnausschüttung würde bei 61,7 % liegen. Die Kreditgenossenschaft kann jedoch z. B. bei einer Ausschüttungsquote von 80 % im Schütt-aus-hol-zurück-Verfahren die Steuerbelastung des Gewinns auf 48 % herabdrücken und damit auf der Basis eines bestimmten Bruttogewinns eine im Vergleich zu der Sparkasse erheblich größere Eigenkapitalbildung vornehmen. Die relevante Steuerbelastung der Sparkasse läge im Vergleich dazu bei über 56 %.

3. Die Auswirkungen unterschiedlicher Bedingungen der Eigenkapitalbeschaffung auf die Wettbewerbsstellung der Sparkassen

Die angesprochenen Maßnahmen zur Korrektur von Wettbewerbsvorteilen der Sparkassen bezogen sich auf Sachverhalte, die in den Variablen g, dem Gewinn-Geschäftsvolumensverhältnis, und t, der Steuerquote, Ausdruck finden. Unberücksichtigt blieben bislang die auch nach dem Startvorteilskriterium wettbewerbspolitisch relevanten Unterschiede der Gewinnausschüttungsquoten bei den einzelnen Gruppen von Kreditinstituten, über ihre Bedeutung für die Bestimmung der Steuerquoten hinaus.

Für die Enquêtekommission ergaben sich aus diesen Unterschieden der Gewinnausschüttungsquoten keine korrekturbedürftigen Wettbewerbsvorteile. Die Kommission ging, wie schon dargelegt, davon aus, daß einer niedrigeren Gewinnausschüttungsquote der Sparkassen ein geringerer Gewinn, bezogen auf das Eigenkapital, als Folge eines Verzichts auf Gewinnmaximierung und der Hinnahme rentabilitätswirksamer Geschäftsbeschränkungen gegenüberstünde. Stützel hingegen verzichtete auf die Herstellung eines solchen Junktims und veranschlagte den Wert des ‚Nichtausschüttungsprivilegs' der Sparkassen auf 5 bis 7 % pro Jahr des Eigenkapitals. Diese Sätze entsprechen bei Vernachlässigung von Gewinnausschüttungen der Sparkassen dem Verhältnis der ausgeschütteten Gewinne der privaten Kreditinstitute zu dem gesamten ausgewiesenen Eigenkapital dieser Institute. Schütten auch die Sparkassen Gewinne aus, so ist die entsprechende Gewinnausschüttungsquote der Sparkassen von diesen Sätzen abzuziehen.

Bei Verwendung unseres Kriteriums der ‚Wettbewerbsneutralität' muß dieses Kalkül Stützels und auch die Betrachtung der Enquêtekommission im Zusammenhang mit der Berücksichtigung möglicher Zuführungen von Eigenkapital von außen korrigiert werden. Zieht man von der Gewinnausschüttungsquote als dem Verhältnis des ausgeschütteten Gewinnbetrages zum Eigenkapital die Zuführungsquote — in diesem Falle handelt es sich um das Verhältnis des in einer bestimmten Periode von außen zugeführten Eigenkapitalbetrages zum Eigenkapital — ab, so erhält man die ‚Nettoausschüttungsquote' oder, sofern der Betrag der Eigenkapitalzuführung jenen der Gewinnausschüttung übersteigt, die ‚Nettozuführungsquote'. Formal ergibt sich die Nettozuführungsquote aus dem Ausdruck: $(z—a)/e$.

Stellt man nicht auf Gewinnausschüttungsquoten im Sinne Stützels, sondern auf die Nettoquoten ab, so gibt es allen Grund, die Vorstellung wettbewerbsmäßig begünstigter Sparkassen zu revidieren. Der Versuch einer Bewertung möglicher Wettbewerbsvor- respektive -nachteile aufgrund von Unterschieden der Nettoausschüttungsquoten, analog dem Verfahren Stützels, fördert Fakten zutage, die die Feststellung wettbewerbspolitischer Benachteiligung der Sparkassen in bezug auf die Möglichkeiten der Eigenkapitalbildung unabweisbar macht. In der folgenden Tabelle sind die jahresdurchschnittlichen Nettozuführungs- resp. Nettoausschüttungsquoten der verschiedenen Gruppen von Kreditinstituten für die Zeit von 1969 bis 1981 in % aufgeführt.

	jahresdurchschnittliche Nettozuführungs- (+) resp. Nettoausschüttungsquote (—) in % 1969 - 1981
Kreditbanken	+ 3,8
Girozentralen	+ 5,4
Sparkassen	— 0,4
Zentralkassen	+ 2,6
Kreditgenossenschaften	+ 2,2

Die Tabelle macht deutlich, daß die Sparkassen die einzige Gruppe von Universalkreditinstituten war, die über die Jahre eine Nettoausschüttungsquote zu verzeichnen hatte. Tatsächlich haben die Sparkassen in der Zeit von 1969 bis 1981 nur in einem einzigen Jahr per Saldo Eigenkapital zugeführt erhalten, d. h. weniger Mittel ausgeschüttet als von außen bekommen. Es war dies das Jahr 1979, in dem eine Reihe von Sparkassen insbesondere durch Sparkassenförderungsgesellschaften Eigenkapitalzuführungen zu verzeichnen hatten[11]. Die Gruppe der Kreditbanken und die Kreditgenossenschaften hatten dagegen mit Ausnahme jeweils eines Jahres — bei den Kreditbanken handelt es sich um das Jahr 1980, bei den Kreditgenossenschaften um das Jahr 1974 — stets Nettozuführungsquoten aufzuweisen, d. h. in allen anderen Jahren überstieg die Eigenkapitalzuführung von außen die Ausschüttungsbeträge. Wendet man das Stützel'sche Kriterium für eine Quantifizierung von Wettbewerbsvor- resp. -nachteilen im Zusammenhange mit der Eigenkapitalversorgung an, dann ist für die Sparkassen ein Wettbewerbsnachteil gegenüber den Kreditgenossenschaften in Höhe von 2,6 %-Punkten und gegenüber den Kreditbanken in Höhe von 4,2 %-Punkten zu konstatieren. Im hypothetischen Vergleich würde dies bedeuten, daß unter sonst gleichen Bedingungen die Sparkassen aufgrund ihrer Benachteiligung bei der Eigenkapitalversorgung gegenüber den Kreditgenossenschaften ein um 2,6 %-Punkte und gegenüber den Kreditbanken ein um 4,2 %-Punkte geringeres Geschäftsvolumenswachstum eigenkapitalmäßig zu finanzieren in der Lage wären, in dieser Größenordnung also hinter dem gleichgewichtigen Geschäftsvolumenswachstum zurückbleiben müßten.

Die wettbewerbsmäßige Benachteiligung der Sparkassen im Zusammenhang mit der Eigenkapitalversorgung läßt sich auch noch auf andere Weise anschaulich machen. Dies geschieht, indem man den per Saldo ausgeschütteten Betrag pro Jahr resp. den per Saldo von außen zugeführten Betrag pro Jahr ins Verhältnis setzt zum Betrag des Eigenkapitalzuwachses der betreffenden Periode.

Man erhält dann im Falle einer Nettoausschüttung den Prozentsatz des Gewinns nach Steuern, der per Saldo ausgeschüttet wird und damit nicht für die Eigenkapitalbildung zur Verfügung steht. Im Falle einer Nettozuführung ergibt sich der Prozentsatz des Eigenkapitalzuwachses, der über den Betrag der Gewinne nach Steuern hinaus auf die Nettozu-

---

[11] Diese Eigenkapitalzuführungen erfolgten wohl häufig aufgrund der massiven Wirkung der Geschäftsbegrenzungen des Grundsatzes I. Vgl. hierzu Stellungnahme des Deutschen Sparkassen- und Giroverbandes zum Entwurf eines Gesetzes zur Änderung des Gesetzes über das Kreditwesen gegenüber dem Unterausschuß des Wirtschaftsausschusses des Bundesrates, in: Sparkasse, Sonderdruck zu Heft 4 (1982), S. 187.

führung von außen entfällt. Die folgende Tabelle zeigt die jahresdurchschnittlichen Prozentsätze für die unterschiedlichen Gruppen von Kreditinstituten für die Zeit von 1969 bis 1981.

	jahresdurchschnittlicher Anteil der per Saldo ausgeschütteten resp. zugeführten Beträge an Eigenkapitalzuwachs in % 1969 - 1981
Kreditbanken	31,3
Girozentralen	39,5
Sparkassen	—3,0
Zentralkassen	22,6
Kreditgenossenschaften	18,5

Die Angabe für die Gruppe der Kreditbanken besagt, daß die Kreditbanken in der Zeit von 1969 bis 1981 31,3 % ihrer Eigenkapitalbildung durch die Zuführung von Eigenkapital von außen, die die Ausschüttungen von Gewinnen überstiegen, finanzierten. Bei den Kreditgenossenschaften belief sich dieser Satz auf 18,5 % im Durchschnitt der gleichen Jahre. Die Sparkassen hingegen haben per Saldo 3 % ihrer Gewinne nach Steuern ausgeschüttet, Mittel, die für die Eigenkapitalbildung nicht mehr zur Verfügung standen.

Die wettbewerbspolitische Benachteiligung der Sparkassen im Zusammenhange mit den Unterschieden der Eigenkapitalbeschaffungsmöglichkeiten fand bei der Enquêtekommission keine Berücksichtigung. Der Grund dafür ist wohl vor allem darin zu sehen, daß die Kommission zwar mit Auswirkungen steuerlicher und anderer Maßnahmen zur Korrektur der Wettbewerbsvorteile der Sparkassen auf die Möglichkeiten der Eigenkapitalbildung der Sparkassen aus Gewinnen rechnete, jedoch davon ausging, die Anstaltsträger würden gegebenenfalls durch die Zuführung des erforderlichen Eigenkapitals von außen Wettbewerbsnachteile der Sparkassen verhindern und damit die Wahrnehmung der im öffentlichen Interesse liegenden Aufgaben gewährleisten. Die Gewährträger haben bislang jedoch, abgesehen von Fällen, in denen sie aus der Anstaltslast zum Ausgleich von Verlusten in Anspruch genommen wurden, ihren Instituten Eigenkapital nicht zugeführt.

Im Laufe der Zeit sind, so muß man vermuten, Wettbewerbsnachteile der Sparkassen, die sich im hypothetischen Vergleich in bezug auf die Unterschiede in den Nettozuführungsquoten ergeben haben, auch praktisch relevant geworden. Als Folge eines nach 1968 aufgetretenen

Rückgangs der Wachstumsrate des Eigenkapitals, nicht nur im Vergleich zu anderen Kreditinstituten, sondern auch im Vergleich zum Geschäftsvolumenswachstum, ist die Eigenkapitalquote der Sparkassen, nachdem sie in der Zeit von 1960 bis 1968 dauernd gestiegen war, über Jahre hinweg ständig gesunken[12]. Auch hat sich die Zahl der Sparkassen, die in ihren geschäftspolitischen Dispositionen von der geschäftsbegrenzenden Wirkung des Grundsatzes I beeinflußt wurden, gerade in den letzten Jahren deutlich erhöht.

Nach Durchführung der Maßnahmen zur Korrektur von Wettbewerbsvorteilen der Sparkassen im Bereich der Gewinne nach Steuern, bezogen auf das Geschäftsvolumen, und angesichts der Wettbewerbsnachteile im Bereich der Eigenkapitalversorgung ist die Vermutung begründet, daß die Sparkassen unter den gegenwärtigen Bedingungen nicht nur keine Wettbewerbsvorteile aufzuweisen haben, sondern aufgrund von Eigenkapitalrestriktionen mit Wettbewerbsnachteilen belastet sind.

4. Empirische Befunde in bezug auf die These wettbewerbspolitischer Benachteiligung der Sparkassen unter den gegenwärtigen Bedingungen

Wenn die These einer wettbewerbspolitischen Benachteiligung der Sparkassen als Folge einer Eigenkapitalrestriktion zutrifft, dann sollte man eine bestimmte Kombination aus Merkmalen, die für solche Fälle angebotsseitiger Benachteiligungen charakteristisch sind, beobachten können. In einer Lage, aufgrund derer für viele Sparkassen gilt:

$$\bar{w} > \frac{g\,(1 - t) + (z - a)}{e}$$

und die nicht dadurch korrigiert werden kann, daß das Eigenkapitalwachstum an das gleichgewichtige Geschäftsvolumenswachstum auf dem Wege über eine Zuführung von Eigenkapital von außen, d. h. über eine Zunahme von z, oder über eine Senkung der Gewinnausschüttungen und damit über eine Abnahme von a angepaßt wird, bleiben zwei geschäftspolitische Möglichkeiten für eine solche Anpassung in Betracht zu ziehen.

Eine erste Möglichkeit besteht darin, die Eigenkapitalquote (e) sinken zu lassen, die andere bezieht sich auf eine Zunahme des Gewinn-Geschäftsvolumensverhältnisses (g). Da die Sparkassen keine den pri-

---

[12] Die jahresdurchschnittliche Wachstumsrate des Eigenkapitals der Sparkassen in der Zeit von 1968 bis 1981 lag mit 10,2 % deutlich unter der entsprechenden Wachstumsrate der Kreditbanken, die bei 11,6 % lag, und auch unter jener der Kreditgenossenschaften, die 11,5 % betrug.

vaten und genossenschaftlichen Kreditinstituten vergleichbaren Gestaltungsmöglichkeiten in bezug auf die Steuerquote *t* haben, ist diese Variable im Zusammenhange mit der Frage nach möglichen Anpassungen des Eigenkapitalwachstums an das gleichgewichtige Geschäftsvolumenswachstum zu vernachlässigen.

Die erste Möglichkeit einer Anpassung über eine Senkung der Eigenkapitalquote ist begrenzt. Eine Grenze ergibt sich aus dem Umstand, daß die Sparkassen im geschäftspolitischen Optimum eine bestimmte optimale Eigenkapitalquote verwirklichen. Wird diese Quote als Folge der Eigenkapitalrestriktion unterschritten, dann wird damit das geschäftspolitische Optimum insgesamt verletzt und dies muß die Institute zu Anpassungsreaktionen veranlassen. Eine zweite Grenze ergibt sich aufgrund der geschäftsbegrenzenden Wirkung bankenaufsichtlicher Regelungen, insbesondere des Grundsatzes I in Verbindung mit § 10 Abs. 2 KWG. Bei gegebener Aktivastruktur ist über das maximale Verhältnis der risikogewogenen Kredite und Beteiligungen zum haftenden Eigenkapital auch eine bestimmte Eigenkapitalquote determiniert, die auf Dauer nicht unterschritten werden darf.

Die zweite Möglichkeit der Anpassung besteht darin, das Eigenkapitalwachstum durch eine Zunahme der Eigenkapitalbildung auf dem Wege über höhere Gewinne pro Geschäftsvolumen zu verstärken. Die Kreditinstitute können versuchen, Rentabilitätssteigerungen zu erreichen durch eine Änderung ihrer Geschäftsstruktur zugunsten höherrentierlicher Geschäfte und durch eine stärkere Ausnutzung von Möglichkeiten, die Zinsspanne zu erhöhen, die Provisionsbilanz zu verbessern und den Verwaltungsaufwand zu senken etc.. In der Regel sind diese Maßnahmen jedoch nicht ohne Auswirkungen auf die Entfaltungsmöglichkeiten der Institute. Vielmehr muß damit gerechnet werden, daß eine Zunahme des Gewinn-Geschäftsvolumensverhältnisses mindestens langfristig mit einem Absinken des Geschäftsvolumenswachstums unter die gleichgewichtige Wachstumsrate verbunden ist. Der Anpassungsvorgang über eine Zunahme des Gewinn-Geschäftsvolumensverhältnisses wird in diesem Falle unterstützt durch die Abnahme des Geschäftsvolumenswachstums. Allerdings kommt in der Differenz zwischen dem gleichgewichtigen Geschäftsvolumenswachstums und dem tatsächlich verwirklichten Wachstum die Wettbewerbsbenachteiligung unserem Kriterium gemäß zum Ausdruck.

Nach dieser Vorwegbetrachtung ist die folgende typische Merkmalskombination für den Fall einer Eigenkapitalrestriktion bei Sparkassen zu erwarten: Nach Wirksamwerden der Restriktion müßte

(1) die Entwicklung der Eigenkapitalquote als Konsequenz einer mindestens zeitweiligen Änderung der Differenz zwischen Geschäfts-

volumens- und Eigenkapitalwachstum eine Tendenzänderung in Richtung einer Abnahme verzeichnen. Da diese Möglichkeit der Anpassung dann, wenn das Geschäftsvolumenswachstum absolut größer ist als das Eigenkapitalwachstum, letztlich aufgrund der Geschäftsbegrenzung des Grundsatzes I begrenzt ist, müßten

(2) Anpassungen im Bereich des Gewinn-Geschäftsvolumensverhältnisses beobachtet werden können. Es wäre zu erwarten, daß betroffene Sparkassen versuchen würden, durch eine Änderung der Geschäftsstruktur mit dem Ziel höherer Erträge und über eine konsequentere Ausnutzung von Spielräumen, die Zinsspanne zu erhöhen und die Provisionsbilanz zu verbessern, das Eigenkapitalwachstum zu verstärken. Das Gewinn-Geschäftsvolumensverhältnis der Sparkassen müßte sich in diesem Falle im Vergleich zu anderen Kreditinstitutsgruppen erhöhen. Eine solche geänderte Geschäftspolitik der Sparkassen könnte jedoch

(3) mindestens auf längere Sicht nicht ohne Auswirkungen auf die Entwicklung des Geschäftsvolumenswachstums und die Marktstellung der Sparkassen, ausgedrückt durch die Entwicklung der Marktanteile, bleiben. Zu erwarten wäre eine relative Verlangsamung des Geschäftsvolumenswachstums und eine Änderung der Marktanteilstendenz in Richtung auf eine Abnahme.

Eine statistische Untersuchung bestätigt diese Merkmalskombination weitgehend.

(1) Die Eigenkapitalquote der Sparkassen stieg in der Zeit von 1962 bis 1968 von 3,4 % auf 4 %. Ab 1968 nahm die Quote bis zum Jahre 1975 ständig bis auf 3,1 % ab. Nach 1975 kam es erneut zu einer Zunahme der Eigenkapitalquote, die im Jahre 1981 den Wert von 3,4 % erreichte. Im Jahre 1968 ist diesen Informationen zufolge eine Tendenzänderung in bezug auf die Entwicklung der Eigenkapitalquote der Sparkassen zu konstatieren. Es liegt nahe anzunehmen, daß diese Änderung, die in dieser Art nur bei den Sparkassen auftrat, ihre Ursache in dem Abbau steuerlicher Privilegien dieser Institute durch das Zweite Steueränderungsgesetz hatte. Es läßt sich begründet vermuten, daß sich nach dem Inkrafttreten dieses Gesetzes für eine Reihe von Sparkassen Eigenkapitalrestriktionen abzuzeichnen begannen, denen diese Sparkassen mit dem Absinken ihrer Eigenkapitalquote zu begegnen bemüht waren.

Diese erste Anpassung stieß jedoch im Laufe der Zeit bei einer wachsenden Zahl von Sparkassen auf die Geschäftsbegrenzung des Grundsatzes I; dies, zumal die Auslastung des Grundsatzes I für viele Sparkassen auch deshalb zunahm, weil sich der Anteil der risikogewogenen

Kredite und Beteiligungen am Geschäftsvolumen infolge einer Änderung der Aktivastruktur dieser Institute erhöhte. Die Zunahme des Auslastungsgrades des Grundsatzes I zwang die Sparkassen zu dem Versuch, ihr Eigenkapitalwachstum durch eine auf eine Zunahme des Gewinn-Geschäftsvolumensverhältnisses gerichtete Konditionen- und Geschäftstrukturpolitik zu verstärken[13]. Dies gelang zwar, wie die Zunahme der Eigenkapitalquote ausweist; diese Zunahme der Eigenkapitalquote konnte jedoch nicht verhindern, daß die Zahl der Sparkassen, die Grundsatz I-Probleme aufzuweisen hatten, ständig zunahm. Im Jahre 1966 betrug der Anteil der Sparkassen, die eine Grundsatz I-Auslastung in Höhe des 16fachen und darüber verwirklicht hatten, 6 %[14]. Bis zum Jahre 1975 erhöhte sich dieser Anteil bei sinkender Eigenkapitalquote auf 12,5 %. Nach 1975 nahm der Anteil jener Sparkassen mit einem Auslastungsgrad in Höhe des 16fachen und darüber trotz einer Zunahme der Eigenkapitalquote auf 35,5 % im Jahre 1981 zu[15]. Der Anstieg der Eigenkapitalquote bei den Sparkassen paßt also durchaus ins Bild unserer Erklärung, läßt sich als eine Folge des Zwangs ansehen, den geschäftsbegrenzenden Wirkungen der Eigenkapitalrestriktion, insbesondere den durch Grundsatz I zur Geltung kommenden Beschränkungen entgegenzuwirken.

(2) Die zu beobachtende Entwicklung des Gewinn-Geschäftsvolumensverhältnisses bei den Sparkassen im Vergleich zu anderen Kreditinstitutsgruppen bestätigt eine Änderung der Geschäftspolitik der Sparkassen. Das Bemühen der Sparkassen, das Eigenkapitalwachstum durch eine relative Ausweitung der Geschäftstätigkeit im Bereich höherrentierlicher Geschäfte sowie eine Erhöhung der Zinsspanne, eine Verbesserung der Provisionsbilanz und durch Verminderungen des Verwaltungsaufwandes zu verstärken, drückt sich aus in einer insbesondere ab Mitte der 70er Jahre zu beobachtenden relativen Zunahme des Verhältnisses der Jahresüberschüsse vor Steuern zum Geschäftsvolumen. In der folgenden Tabelle ist die Entwicklung dieses Verhältnisses für die verschiedenen Gruppen von Kreditinstituten auf der Grundlage gleitender Fünf-Jahresdurchschnitte aufgezeichnet. Gleitende Fünf-Jahresdurchschnitte wurden gewählt, um konjunkturelle und andere außerordentliche Einflüsse, die in den einzelnen Jahren das Gewinn-Geschäftsvolumensverhältnis beeinflußten, weitgehend zu eliminieren

[13] Ergänzend ist in diesem Zusammenhang auf die Möglichkeit hinzuweisen, den Eigenkapitalzuwachs durch Auflösung stiller Reserven zu verstärken. Hinweise in der Literatur lassen vermuten, daß eine Reihe von Sparkassen von dieser Möglichkeit, Eigenkapital herzuzeigen, Gebrauch gemacht haben.

[14] Vgl. hierzu Bericht der Enquêtekommission, Anlage 6, S. 174.

[15] Vgl. hierzu Stellungnahme des Deutschen Sparkassen- und Giroverbandes zur Änderung des KWG ..., S. 185.

und den Trend sichtbar zu machen. Der Wert des Jahresüberschusses vor Steuern zum Geschäftsvolumen für das Jahr 1978 ergibt sich aus dem Durchschnitt des Verhältnisses der einzelnen Werte für die Jahre 1976 bis 1980.

Jahresüberschuß vor Steuern in % des Geschäftsvolumens
Gleitende Fünf-Jahres-Durchschnitte

	Kreditbanken	Girozentralen	Sparkassen	Zentralkassen	Kreditgenossenschaften
1970	0,76	0,44	0,64	0,48	0,86
1971	0,65	0,36	0,56	0,40	0,86
1972	0,59	0,30	0,56	0,40	0,89
1973	0,61	0,31	0,59	0,53	0,92
1974	0,61	0,30	0,74	0,57	0,92
1975	0,62	0,30	0,81	0,56	0,92
1976	0,66	0,33	0,89	0,63	0,92
1977	0,64	0,35	0,91	0,59	0,88
1978	0,58	0,31	0,84	0,46	0,85

Die Zahlen wurden ermittelt aufgrund der Angaben der Bundesbank in ihren Berichten über die Ertragslage der Kreditinstitute in den Jahren 1977, 1978, 1979 und 1980[16].

Die Tabelle zeigt sehr anschaulich die von den anderen Kreditinstitutsgruppen abweichende Entwicklung des Gewinn-Geschäftsvolumensverhältnisses der Sparkassen. Während das Verhältnis des Jahresüberschusses vor Steuern zum Geschäftsvolumen bei Kreditbanken, Girozentralen und Kreditgenossenschaften keine systematische tendenzielle Veränderung zeigt, hat das Gewinn-Geschäftsvolumensverhältnis der Sparkassen, einer stabilen Tendenz folgend, augenscheinlich zugenommen. Bei der Würdigung dieses Sachverhaltes ist zu berücksichtigen, daß die Sparkassen in den 70er Jahren, anders als die anderen Gruppen von Kreditinstituten, diese relative Zunahme durchzusetzen hatten unter dem Eindruck von nicht-steuerlichen Maßnahmen zum Abbau von Wettbewerbsvorteilen. Die Wirkung dieser Maßnahmen hätte eher eine Senkung des Gewinn-Geschäftsvolumensverhältnisses erwarten lassen. Eine genaue Untersuchung der Komponenten der Entwicklung des Gewinn-Geschäftsvolumensverhältnisses bei den Sparkassen macht deutlich, daß die tendenzielle Zunahme vor allem auf einer relativen Zunahme sowohl des Zinsüberschusses, also des Saldos

[16] Vgl. Monatsberichte der Deutschen Bundesbank Oktober 1978, S. 20 ff.; Oktober 1979, S. 16 ff.; August 1980, S. 18 ff.; August 1981, S. 12 ff.

der Zinserträge und der Zinsaufwendungen, als auch des Provisionsüberschusses basierte[17].

(3) Es liegt nahe, davon auszugehen, daß eine solche durch Eigenkapitalrestriktionen erzwungene Änderung der Geschäftspolitik der Sparkassen mindestens auf längere Sicht Auswirkungen auf das Geschäftsvolumenswachstum und die Marktanteilsverhältnisse haben muß. Zu erwarten wäre eine relative Abnahme des Geschäftsvolumenswachstums im Laufe der Zeit und eine Änderung der Marktanteilstendenz in Richtung auf eine Verschlechterung der Marktstellung der Sparkassen. Da es sich bei diesen die Anpassung der Sparkassen begünstigenden Wirkungen um solche handelt, die sich im Laufe der Zeit allmählich aufbauen und von temporären Entwicklungen konjunktureller und anderer, struktureller Art überlagert werden, kommt es darauf an, die längerfristigen tendenziellen herauszuarbeiten. Zu diesem Zweck vergleichen wir die Wachstumsrate des Geschäftsvolumens der Sparkassen als jahresdurchschnittliche Rate über größere, relevant abgegrenzte Zeiträume mit den jahresdurchschnittlichen Wachstumsraten anderer Gruppen von Kreditinstituten für die gleichen Zeiträume. Dieser Vergleich bestätigt die relative Verlangsamung des Geschäftsvolumenswachstums bei den Sparkassen.

Die jahresdurchschnittliche Wachstumsrate der Sparkassen betrug in der Zeit von 1962 bis 1968 12,8 % pro Jahr; die der Kreditbanken belief sich auf 11,7 %, die der Kreditgenossenschaften auf 15,4 %. Bei allen diesen Kreditinstitutsgruppen sank die jahresdurchschnittliche Wachstumsrate im Laufe der Zeit ab. Für die Zeit von 1968 bis 1981 errechnet sich ein Geschäftsvolumenswachstum für die Sparkassen von 10,7 % pro Jahr, für die Kreditbanken von 11,0 % und für die Kreditgenossenschaften von 15,1 %. Die Abnahme der Wachstumsrate fiel also gegenüber der Zeit von 1962 bis 1968 bei den verschiedenen Gruppen unterschiedlich aus. Bei den Sparkassen betrug die Reduktion 2,1 %-Punkte, bei den Kreditbanken 0,7 %-Punkte und bei den Kreditgenossenschaften gar nur 0,3 %-Punkte. Die jahresdurchschnittliche Wachstumsrate aller Banken betrug für die Zeit 1962 bis 1968 12,1 %. Die Rate nahm ab und belief sich für die Zeit von 1968 bis 1981 auf jahresdurchschnittlich 11,1 %. Die Reduktion liegt also im Durchschnitt aller Banken bei 1 %-Punkt.

Diese Informationen lassen sich aufgrund des statistischen Materials der Bundesbank, die in der Bankenstatistik, Reihe 1 der Beihefte zu den Monatsberichten enthalten sind, ableiten. Diese Zahlen können

---

[17] Vgl. ‚Die Ertragslage der Kreditinstitute im Jahre 1979‘ in Monatsberichte der Deutschen Bundesbank, August 1980, S. 27 und ‚Die Ertragslage der Kreditinstitute im Jahre 1980‘, ebenda, August 1981, S. 24.

jedoch insofern ein schiefes Bild vermitteln, als sie die Geschäftsaktivitäten von Kreditinstituten, die diese über Auslandsfilialen und über rechtlich selbständige Töchter im Auslande abwickeln, nicht erfassen. Es läßt sich jedoch eine Abschätzung des Korrekturbedarfs vornehmen, indem man die von der Bundesbank in den Monatsberichten seit 1973 vorgelegten Informationen über die Höhe der Geschäftsvolumina der Auslandsfilialen deutscher Kreditinstitute und über die Kredite, die ausländische Kreditinstitute im Mehrheitsbesitz deutscher Banken an Schuldner in der Bundesrepublik vergeben haben, in die Betrachtung einbezieht. Dies kann dadurch geschehen, daß man das Geschäftsvolumen aller Banken um die genannten Positionen erhöht und auf der Grundlage der revidierten Zahlen die jahresdurchschnittlichen Wachstumsraten aller Banken für die jeweiligen Zeitabschnitte ermittelt. Geht man davon aus, daß in den 60er Jahren, für die Zahlen der Bundesbank nicht vorliegen, die über Auslandsfilialen und rechtlich selbständige Tochterinstitute im Ausland durchgeführten Bankgeschäfte ein bescheidenes und im Vergleich zum Geschäftsvolumen aller Banken zu vernachlässigendes Ausmaß hatten, so kann man annehmen, daß die auf der Grundlage der Bankenstatistik der Bundesbank ermittelte jahresdurchschnittliche Wachstumsrate des Geschäftsvolumens für die Zeit von 1962 bis 1968 für alle Banken eine nennenswerte Änderung bei Einbeziehung der Geschäfte von Auslandsfilialen und Auslandstöchtern nicht erfahren würde. Hingegen ist mit einer solchen Änderung für die Zeit nach 1968 bis 1981 durchaus zu rechnen. Im Falle einer Korrektur der Zahlen der Bankenstatistik unter Berücksichtigung der Informationen, die die Bundesbank in den Monatsberichten vorlegt, ergibt sich für die Zeit von 1968 bis 1981 eine um 0,6 %-Punkte höhere jahresdurchschnittliche Wachstumsrate des Geschäftsvolumens aller Banken in Höhe von 11,7 %. Dies würde bedeuten, daß die jahresdurchschnittliche Wachstumsrate aller Kreditinstitute in der Zeit von 1968 bis 1981 lediglich um 0,4 %-Punkte unter jener der Zeit von 1962 bis 1968 liegen würde. Der Wachstumsverlust der Sparkassen, die ja wie die Kreditgenossenschaften und anders als Kreditbanken und Girozentralen nicht unmittelbar am internationalen Bankgeschäft beteiligt sind, fällt damit noch deutlicher ins Auge.

Die Änderung der Wachstumsrate des Geschäftsvolumens der Sparkassen im Vergleich zu jenen anderer Gruppen von Kreditinstituten findet ihren Ausdruck in einer Änderung der Marktanteilsentwicklung, die hinsichtlich ihrer längerfristigen Tendenz durch die Verwendung gleitender Fünf-Jahresdurchschnitte klar erkennbar ist.

Während, wie die Tabelle ausweist, der Marktanteil der Sparkassen am Geschäftsvolumen aller Bankengruppen in der Zeit von 1962 bis 1968 eine zunehmende Tendenz zeigte, ergab sich 1967/68 eine Tendenz-

Gleitende Fünf-Jahresdurchschnitte — Marktaneile am Geschäftsvolumen aller Bankengruppen

Zeit	Kreditbanken	Girozentralen	Sparkassen	Zentralkassen	Kreditgenossen-schaften
1962	24,2	13,5	22,8	2,7	6,0
1963	23,3	13,8	22,6	2,9	6,2
1964	22,4	14,0	22,6	3,2	6,3
1965	22,1	14,3	22,9	3,3	6,5
1966	22,1	14,5	23,0	3,5	6,7
1967	22,5	14,7	23,1	3,6	6,9
1968	23,1	15,0	23,1	3,7	7,1
1969	23,8	15,3	23,0	3,8	7,4
1970	24,5	15,7	22,8	3,9	7,7
1971	25,0	15,9	22,7	3,8	8,1
1972	25,2	16,3	22,5	3,9	8,5
1973	25,1	16,6	22,4	4,0	8,9
1974	25,1	16,9	22,3	4,1	9,2
1975	24,9	16,8	22,1	4,2	9,5
1976	24,8	16,7	22,1	4,3	9,6
1977	24,8	16,6	22,0	4,2	9,9
1978	24,6	16,4	22,0	4,2	10,2
1979	24,2	16,4	21,9	4,2	10,5

Der Marktanteilswert einer Kreditinstitutsgruppe für ein bestimmtes Jahr errechnet sich aus dem Durchschnitt des Marktanteils dieser Gruppe des betreffenden Jahres, der zwei davor liegenden und der zwei darauffolgenden Jahre. Die Marktanteilswerte für das Jahr 1979 ermitteln sich also als Durchschnitt der Marktanteile der Jahre 1977 bis 1981.

wende. Seit dem Jahr 1968 nahm der Marktanteil der Sparkassen am Geschäftsvolumen aller Bankengruppen permanent von 23,1 % im Jahr 1968 auf 21,9 % im Jahr 1979 ab. Die Marktanteilsreduktion fällt noch deutlicher aus, wenn man die Geschäftstätigkeit von Auslandsfilialen und ausländischen Banken im Mehrheitsbesitz inländischer Kreditinstitute mit einbezieht. Für diesen Fall errechnet sich ein Marktanteil für die Sparkassen für das Jahr 1979 in Höhe von nur noch 20,5 % gegenüber 23,1 % im Jahre 1968.

Interessant ist in diesem Zusammenhange ein Vergleich mit der Entwicklung der Kreditgenossenschaften, die ja, beginnend mit dem Zweiten Steueränderungsgesetz, ebenfalls wie die Sparkassen einen Abbau von Steuerprivilegien hinzunehmen gezwungen waren. Bei den Kreditgenossenschaften hat sich die für die Zeit von 1962 bis 1968 zu verzeichnende Marktanteilszunahme von 6 % auf 7,1 % nach 1968 trotz des Abbaus von steuerlichen Vorteilen und trotz rückläufiger Eigenkapitalquoten sogar noch verstärkt fortgesetzt. Augenscheinlich hat der Rückgang der Eigenkapitalquoten bei den Kreditgenossenschaften, der sich voll durch das überdurchschnittliche Geschäftsvolumenswachstum erklären läßt, keine geschäftspolitisch relevante Eigenkapitalrestriktion und Probleme mit der Auslastung des Grundsatzes I zur Folge gehabt. Man geht kaum fehl, wenn man diesen Sachverhalt in Zusammenhang bringt mit dem Umstand, daß bei den Kreditgenossenschaften Haftsummenzuschläge als haftendes Eigenkapital anerkannt werden und die Kreditgenossenschaften im übrigen in der Lage sind, sich gegebenenfalls Eigenkapital von außen zu beschaffen. Während der Marktanteil der Sparkassen am Geschäftsvolumen aller Bankengruppen von 1968 bis 1979 — ermittelt aufgrund der Zahlen der Bankenstatistik — um 1,2 %-Punkte sank, nahm der Marktanteil der Kreditgenossenschaften in der gleichen Zeit um 3,5 %-Punkte zu. Um eine Vorstellung von den Größenordnungen zu geben, um die es sich bei solchen Marktanteilsveränderungen handelt, mag der Hinweis hilfreich sein, daß eine Marktanteilsveränderung um 1 %-Punkt unter den gegenwärtigen Bedingungen den Gewinn resp. Verlust von Geschäftsvolumen in der Höhe von rd. 26 Milliarden DM bedeutet.

Im Zusammenhang mit den Informationen über die Entwicklung der Wachstumsraten des Geschäftsvolumens der verschiedenen Kreditinstitutsgruppen könnte geltend gemacht werden, daß eine Wachstumsverlangsamung einer Gruppe von Kreditinstituten gegenüber anderen Gruppen nicht unbedingt Ausdruck von Wettbewerbsnachteilen im Sinne unseres Kriteriums sein müsse, sondern in Verbindung stehen könne mit strukturellen Besonderheiten der verschiedenen Gruppen von Kreditinstituten, die nicht den wettbewerbspolitisch relevanten Faktoren zuzurechnen sind. Wir haben an früherer Stelle darauf hingewiesen, daß Unterschiede der Geschäfts- und Kundenstruktur nicht zwingend mit der Rechtsform zusammenhängen, sondern vielfach historisch bedingt sind. Ein unterschiedliches Wachstum des Geschäftsvolumens bei verschiedenen Gruppen von Kreditinstituten kann dann sehr wohl Folge eines unterschiedlichen Wachstums einzelner Komponenten der Geschäftstätigkeit sein, denen bei unterschiedlichen Gruppen von Kreditinstituten ein unterschiedliches Gewicht zukommt. Es ist der Kritik zuzustimmen, daß es nicht möglich ist, Unterschiede der Wachstumsraten des Geschäftsvolumens zweifelsfrei auf wettbewerbsrelevante und wettbewerbsirrelevante Faktoren aufzuteilen. Immerhin kann es mit dem Versuch, die Bedeutung struktureller Besonderheiten, die wettbewerbspolitisch irrelevant sind, für die Geschäftsentwicklung abzuschätzen, gelingen, bestehende Vermutungen über Wettbewerbsvor- oder -nachteile gegebenenfalls zu stützen oder aber zu erschüttern.

Wir haben im Rahmen unserer Untersuchung den Versuch unternommen, die Relevanz der Unterschiede der Geschäftsstruktur im Aktiv- und Passivbereich für Differenzen im Geschäftsvolumenswachstum zu überprüfen. Dabei gaben wir die strukturellen Besonderheiten im Aktiv- und Passivbereich der Sparkassen durch bestimmte Anteilskoeffizienten, bezogen auf das Geschäftsvolumen, als Gewichtungsfaktoren vor. Die für alle Universalkreditinstitute ermittelten Wachstumsraten der jeweiligen Aktiva- und Passivakomponenten wurden mit diesen Gewichtungsfaktoren gewogen und über die Bildung der Summe der Aktiva- respektive Passivakomponenten die Wachstumsrate des Geschäftsvolumens von der Aktivseite und von der Passivseite her simuliert.

Dabei wurden folgende Ergebnisse abgeleitet. Die simulierte Wachstumsrate des Geschäftsvolumens der Sparkassen von der Aktivaseite her betrug für die Zeit von 1962 bis 1968 jahresdurchschnittlich 13,7 % und für die Jahre 1968 bis 1979 13,1 %. Als Differenzbetrag errechnet sich damit ein Wert von 0,6 %-Punkten. Diese Differenz ist geringer als die für alle Universalkreditinstitute errechnete von 0,9 %-Punkten, so daß die Vermutung von Wettbewerbsnachteilen auf Seiten der Sparkassen bestätigt wird. Es wird sogar deutlich, daß sich ein zusätzlicher Erklärungsbedarf für wettbewerbspolitisch bedingte Wachstumsverluste ergibt. Bei einer Simulation des Geschäftsvolumenswachstums von der Passivseite her ist das Ergebnis nicht in gleicher Weise eindeutig. Der Differenzbetrag liegt mit 1,2 %-Punkten zwar unter dem Satz von 2,1 %-Punkten, der sich auf der Grundlage des tatsächlichen Geschäftsvolumenswachstums bei den Sparkassen ergab, aber über jenem von 0,9 %-Punkten für alle Universalkreditinstitute. Auf der Passivseite wirkte sich dabei offenbar das über die Jahre größere Wachstum der Inhaberschuldverschreibungen im Vergleich zum Wachstum der Spareinlagen und Sparbriefe aus, an dem die Sparkassen bislang praktisch nicht partizipierten. Es ist dabei durchaus möglich, daß eine von den Sparkassen wesentlich mitbewirkte Änderung der Zinsstruktur zu Lasten der Spareinlagen für dieses Ergebnis mit verantwortlich ist, dieses also von wettbewerbspolitisch relevanten Vorgängen beeinflußt worden ist.

Faßt man alle Indizien, die Entwicklung der Eigenkapitalquote und des Auslastungsgrades des Grundsatzes I, die Entwicklung des relativen Gewinn-Geschäftsvolumensverhältnisses, des relativen Geschäftsvolumenswachstums und die Marktanteilsentwicklung der Sparkassen zusammen und bringt sie in Zusammenhang mit den Maßnahmen zur Korrektur der Wettbewerbsvorteile der Sparkassen in den letzten fünfzehn Jahren und deren Auswirkungen auf die Möglichkeiten der Eigenkapitalbildung der Sparkassen, so ist mit guten Gründen anzunehmen, daß viele Sparkassen unter den gegenwärtigen Verhältnissen aufgrund von Eigenkapitalrestriktionen mit Wettbewerbsnachteilen belastet sind und nicht, wie die Bankenstrukturkommission offenbar ad hoc unterstellt, Wettbewerbsvorteile aufweisen.

Die Wirkungen der Wettbewerbsnachteile auf das Geschäftsvolumenswachstum in den einzelnen Jahren mögen gering sein und über Jahre durch konjunkturelle und besondere strukturelle Entwicklungen überdeckt werden, so daß sie nicht immer leicht zu erkennen sind. Sind diese Wirkungen aber von Dauer — die Stabilität der Tendenzen in den statistischen Reihen auf der Grundlage gleitender Fünf-Jahres-Durchschnitte, die eine weitgehende Eliminierung konjunktureller und kurzfristiger struktureller Einflüsse ermöglichen, weist auf eine solche Dauerhaftigkeit hin —, dann gilt auch hier die Feststellung Stützels, daß ‚schon kleinste dauerhaft gleichgerichtete Tendenzen' über einen hinreichend langen Zeitraum hinweg ‚erhebliche Strukturwandlungen herbeiführen'[18].

[18] Wolfgang Stützel, Bankpolitik heute und morgen, S. 72.

IV. Die wettbewerbspolitische Beurteilung der für die Sparkassen relevanten Vorschläge zur Reform des § 10 Abs. 2 KWG

Nach der Untersuchung der Wettbewerbsstellung der Sparkassen unter den gegenwärtigen Bedingungen sind nun die Voraussetzungen geschaffen für eine angemessene Analyse der wettbewerbspolitischen Implikationen einer Verwirklichung der verschiedenen Reformvorschläge zu § 10 Abs. 2 KWG. Grundlage für die Beurteilung dieser Vorschläge bildet dabei das früher abgeleitete und in seinen Grundzügen mit der wettbewerbspolitischen Konzeption der Enquêtekommission vereinbare Kriterium der ‚Wettbewerbsneutralität'. Danach liegt Wettbewerbsneutralität dann vor, wenn die sich im hypothetischen Vergleich ergebende gleichgewichtige Wachstumsrate des Geschäftsvolumens mit jener des Eigenkapitals übereinstimmt, wenn also gilt:

$$\bar{w} = \frac{g'(1-t) + (z' - a')}{e'}$$

Die mit dem Symbol ' versehenen Variablen kennzeichnen die Gleichgewichtswerte dieser Variablen. Eine wettbewerbspolitisch relevante Eigenkapitalrestriktion auf Seiten der Sparkassen liegt vor, wenn:

$$\bar{w} > w = \frac{g(1-t) + (z - a)}{e}$$

Auf der Basis dieses Ansatzes lassen sich die von der Bankenstrukturkommission als wettbewerbspolitisch relevant angesehenen und für die Sparkassen bedeutsamen Vorschläge systematisieren. Ergänzen wir den Katalog wettbewerbspolitisch relevanter Vorschläge durch die Hinzunahme des ‚Dotationskapital-Vorschlags', so sind unter Wettbewerbsgesichtspunkten zu behandeln: (1) die Anerkennung von Haftungszuschlägen als haftendes Eigenkapital bei Sparkassen, (2) der Vorschlag, die Eigenkapitalprobleme der Sparkassen durch die Zuführung von Dotationskapital zu lösen, und (3) die Anerkennung von nachrangigem Haftkapital und von Genußscheinkapital als haftendes Eigenkapital.

Im Zusammenhang mit der Anerkennung von Haftungszuschlägen als haftendes Eigenkapital ist zu berücksichtigen, daß eine solche Maßnahme weder das Gesamtvolumen der Haftung der öffentlichen Träger[1], noch das unmittelbar vorhandene, d. h. ohne Inanspruchnahme der Anstaltsträger aus Anstaltslast verfügbare Verlustausgleichspotential der Sparkassen beeinflußt. Die einzige relevante Wirkung einer Anerkennung von Haftungszuschlägen besteht darin, daß sich für die Sparkassen die Möglichkeit eröffnet, die Eigenkapitalquote (in unserem Sinne das Verhältnis des ausgewiesenen Eigenkapitals zum Geschäftsvolumen) unter die nach geltenden Vorschriften minimale Eigenkapitalquote absinken zu lassen und damit die Voraussetzung für eine Anpassung des Eigenkapitalwachstums an das gleichgewichtige Geschäftsvolumenswachstum zu schaffen. Die Anerkennung nachrangigen Haftkapitals und Genußscheinkapitals wirkt, sofern die nachrangigen Gläubiger respektive Genußscheinkapitalgeber eine Haftung praktisch nicht übernehmen, in die gleiche Richtung wie die Anerkennung von Haftungszuschlägen.

Anders sind jene Fälle zu beurteilen, bei denen den Sparkassen Risikokapital zugeführt wird. Dies drückt sich dann in erster Linie in einer Zunahme der Zuführungsquote (z) aus. Die verschiedenen Fälle, nämlich die Zuführung von Dotationskapital respektive von nachrangigem Haftkapital, sofern letzteres Haftung tatsächlich übernimmt, unterscheiden sich jedoch insofern, als zugleich mit Änderungen im Bereich der Gewinnausschüttungsquote respektive des Gewinn-Geschäftsvolumensverhältnisses zu rechnen ist.

Wir werden uns im Folgenden mit den wettbewerbspolitischen Implikationen der verschiedenen Reformvorschläge im einzelnen befassen.

1. Wettbewerbspolitische Beurteilung der Anerkennung von Haftungszuschlägen als haftendes Eigenkapital bei Sparkassen

a) Möglichkeiten einer Aufrechterhaltung der Wettbewerbsstellung der Sparkassen durch eine Beeinflussung der Eigenkapitalquote unter den veränderten Rahmenbedingungen der Gegenwart

Eine mögliche Lösung für eine Anpassung des Eigenkapitalwachstums an das gleichgewichtige Geschäftsvolumenswachstum bei Existenz einer Eigenkapitalrestriktion läßt sich unmittelbar aus der vorstehenden

[1] Diese unbezweifelbare Tatsache ist nicht immer voll verstanden worden. Als Beispiel sei hier die Argumentation des Bundesverbandes deutscher Banken in seinem Beitrag ‚Neue Privilegien für die öffentliche Kreditwirtschaft?‘ vom April 1982 angesprochen. Der Verband argumentiert auf S. 3 seiner ‚Dokumentation zum Haftungszuschlag‘: „Die mit einem Haftungszuschlag verbundene Anerkennung eines fiktiven Eigenkapitals würde ferner zu einer zusätzlichen, nicht mehr durch tatsächliches Eigenkapital abgesicherten Haftung der Gewährträger führen, die letztlich vom Steuerzahler zu tragen wäre.“

Ungleichung ableiten. Die Sparkassen sind in der Lage, das gleichgewichtige Wachstum $\bar{w}$ ohne eine Zuführung von Eigenkapital von außen und unter Verzicht auf eine Geschäftspolitik, die der Beeinflussung des Gewinn-Geschäftsvolumensverhältnisses dient, zu verwirklichen, wenn es ihnen möglich ist, die Eigenkapitalquote e in dem erforderlichen Umfange absinken zu lassen. Theoretisch kann die notwendige Anpassung vollständig über eine Reduktion der Eigenkapitalquote erfolgen, da es stets eine positive Eigenkapitalquote gibt, bei der ein bestimmtes gleichgewichtiges Wachstum des Geschäftsvolumens ($\bar{w} > 0$) auf der Grundlage eines gegebenen Gewinn-Geschäftsvolumensverhältnisses ($g > 0$) realisiert werden kann. Die ‚erforderliche' Eigenkapitalquote $\hat{e}$ ergibt sich aus:

$$\hat{e} = \frac{g\,(1 - t) - a}{\bar{w}}$$

Die Formel zeigt, daß die Eigenkapitalquote, die man im Interesse eines gleichgewichtigen Wachstums hinnehmen muß, umso geringer ausfällt, je größer das gleichgewichtige Geschäftsvolumenswachstum und je niedriger der Gewinn nach Steuern bezogen auf das Geschäftsvolumen ist. Unter dem Eindruck der steuerpolitischen Maßnahmen in der Zeit seit 1967 ist die Eigenkapitalquote, die eine bestimmte gleichgewichtige Wachstumsrate des Geschäftsvolumens gerade noch zu tragen in der Lage ist, ständig gesunken. Es ist symptomatisch, daß die Sparkassen in dieser Zeit seit 1967 im Interesse einer Wahrnehmung ihrer Wachstumschancen versucht haben, sich auf die Verminderung der ‚erforderlichen Eigenkapitalquote' mit einer Reduktion der tatsächlichen Eigenkapitalquote einzustellen. Die Eigenkapitalquote der Sparkassen betrug im Jahre 1968 4 % und sank bis zum Jahre 1981 auf 3,4 %. Trotz dieser Anpassung über die Eigenkapitalquote ist es den Sparkassen allerdings augenscheinlich nicht gelungen, eine Verlangsamung des Geschäftsvolumenswachstums zu verhindern.

Unter Verwendung der vorstehenden Formel lassen sich die Eigenkapitalquoten, die bei alternativen Wachstumsraten des Geschäftsvolumens und des Verhältnisses der Gewinne zum Geschäftsvolumen bei gegebener steuerlicher Belastung des Gewinns zugelassen werden müßten, um den Sparkassen ein wettbewerbsneutrales Geschäftsvolumenswachstum zu ermöglichen, ermitteln. In der folgenden Tabelle sind diese ‚erforderlichen Eigenkapitalquoten' für Wachstumsraten des Geschäftsvolumens von 10 %, 12 % und 14 % und für Werte des Gewinn-Geschäftsvolumensverhältnisses von 0,5, 0,7 und 0,9 angegeben. Es wurde von einer hypothetischen Steuerbelastung des Gewinns von 61,3 % ausgegangen und für a ein Satz von 0,02 % p. a. unterstellt. Dieser Satz entspricht einer Ausschüttungsquote von 0,5 % pro Jahr.

$\bar{w}$ ↓ \ g →	0,5		0,7		0,9	
10	1,7	(2,1)	2,5	(3,0)	3,3	(3,9)
12	1,5	(1,7)	2,1	(2,5)	2,7	(3,2)
14	1,2	(1,5)	1,8	(2,1)	2,3	(2,8)

Die Werte in Klammern galten vor Änderung der steuerlichen Regelungen durch das Subventionsabbaugesetz.

Legt man die durchschnittliche Wachstumsrate aller ‚Universalkreditinstitute' für die Zeit von 1968 bis 1981 in Höhe von 11,5 % zugrunde und berücksichtigt man den entsprechenden Wert für das Gewinn-Geschäftsvolumensverhältnis von rund 0,75, so ergibt sich ein kritischer Wert für die Eigenkapitalquote $\hat{e}$ von 2,35 %, eine Eigenkapitalquote, die deutlich unter der gegenwärtig verwirklichten durchschnittlichen Eigenkapitalquote der Sparkassen von 3,3 bis 3,4 % liegt und vermuten läßt, daß — selbst wenn man die Tatsache neuer steuerlicher Regelungen beachtet — ein Teil der erforderlichen Anpassungen bei den Sparkassen in den letzten zehn Jahren tatsächlich über Wachstumsverluste und damit zusammenhängende Änderungen des Gewinn-Geschäftsvolumensverhältnisses durchgeführt wurden. Berücksichtigt man, daß sich die einzelnen Sparkassen aufgrund ihrer besonderen strukturellen Unterschiede — diese sind nicht zuletzt Ausfluß des Regionalprinzips und der damit verbundenen Beschränkungen der Geschäftstätigkeit auf den Bereich des Gewährträgers —, sowohl was die gleichgewichtige Wachstumsrate des Geschäftsvolumens als auch das Verhältnis der Gewinne zum Geschäftsvolumen anbetrifft, erheblich voneinander abweichen können, dann wird klar, daß die zulässigen Eigenkapitalquoten unter Umständen noch erheblich unter dem Satz von 2,35 % liegen müßten.

Aufgrund dieser Feststellungen wird deutlich, daß der Weg einer wettbewerbsneutralen Anpassung des Eigenkapitalwachstums an die gleichgewichtige Wachstumsrate des Geschäftsvolumens mit unter Umständen erheblichen Verminderungen der tatsächlichen Eigenkapitalquoten verbunden wäre. Die bestehenden Möglichkeiten einer solchen Anpassung bei den Sparkassen aber sind beschränkt. Sie sind insbesondere durch bankenaufsichtsrechtliche Regelungen begrenzt. Der Grundsatz I der Bankenaufsicht in Verbindung mit § 10 Abs. 2, 4 KWG setzt bei vielen Sparkassen Grenzen für eine Anpassung über die Verminderung der Eigenkapitalquote. Bei einer bestimmten Struktur der

Aktiva entspricht einer gegebenen Eigenkapitalquote ein bestimmtes Verhältnis risikogewogener Kredite und Beteiligungen zum haftenden Eigenkapital im Sinne des § 10 Abs. 2 KWG. Nach der Regelung des Grundsatzes I, wonach die risikogewichteten Kredite und Beteiligungen das Achtzehnfache des haftenden Eigenkapitals nicht übersteigen sollen, ist damit auch eine minimale, auf Dauer nicht zu unterschreitende Eigenkapitalquote — gegebene Struktur der Aktiva vorausgesetzt — festgelegt.

Soweit diese minimale Eigenkapitalquote eine effektive Schranke für Sparkassen darstellt, sich an eine Situation anzupassen, bei der die gleichgewichtige Wachstumsrate des Geschäftsvolumens über der Eigenkapitalrendite liegt, sind die betroffenen Kreditinstitute gezwungen, den Weg über eine Geschäftspolitik zu nehmen, der auf Dauer mehr oder weniger zwangsläufig mit Wachstumsverlusten verbunden ist. Die Sparkassen sind dazu gezwungen, obwohl die Regelung des § 10 Abs. 2,4 KWG und des Grundsatzes I der Bankenaufsicht nach Ansicht von Prof. Gessler z. B. bei Sparkassen „allein den Sinn hat, ihr Geschäftsvolumen zu begrenzen, um sie im Wettbewerb nicht vorteilhafter zu stellen, als die anderen Kreditinstitutsgruppen“[2].

b) Wettbewerbspolitische Implikationen der Anerkennung von Haftungszuschlägen als haftendes Eigenkapital bei Sparkassen im Falle der Existenz einer Eigenkapitalrestriktion

Die Frage ist nun, ob die Anerkennung von Haftungszuschlägen als haftendes Eigenkapital, die die Sparkassen bei der entsprechenden Dosierung dieser Haftungszuschläge in die Lage versetzen würde, das gleichgewichtige Geschäftsvolumenswachstum zu verwirklichen, als eine hinreichende Maßnahme angesehen werden kann, Wettbewerbsneutralität für die Sparkassen herzustellen. Die Antwort ist, daß eine solche Anerkennung von Haftungszuschlägen unter den gegenwärtigen wettbewerbspolitischen Verhältnissen vermutlich nicht zu einer vollständigen Beseitigung bestehender Wettbewerbsnachteile der Sparkassen führen würde, in vielen und in einer zunehmenden Zahl von Fällen allerdings mit einem Abbau von Wettbewerbsverzerrungen zu Lasten der Sparkassen gerechnet werden könnte.

Bei der Begründung dieser Vermutung ist davon auszugehen, daß für jede Sparkasse wie für jedes andere Kreditinstitut ein geschäftspolitisches Optimum existiert. Dieses Optimum impliziert bei gegebener Höhe und Struktur der Zins-, Provisions- und Gebührensätze sowie

---

[2] Ernst Gessler, Die zukünftige Bankengesetzgebung aus der Sicht der Bankenstrukturkommission, unveröff. Manuskript, S. 17.

Lohn- und sonstigen Kostensätzen eine bestimmte Aktiva- und Passivastruktur und damit auch eine optimale Eigenkapitalquote respektive ein optimales Verhältnis der nach den Vorgaben der Bankenaufsicht risikogewogenen Kredite zum ausgewiesenen Eigenkapital. Die optimalen Eigenkapitalquoten der verschiedenen Institute, die unterschiedlichen Gruppen von Kreditinstituten zuzurechnen sind, werden sich als Folge unterschiedlicher Haftungsverhältnisse und einer unterschiedlichen Risikobelastung pro Krediteinheit vermutlich deutlich voneinander unterscheiden. Insbesondere ist davon auszugehen, daß die optimale Eigenkapitalquote der Sparkassen angesichts der umfassenden Haftung der Gewährträger aus Anstaltslast und Gewährträgerhaftung und der relativ geringen Risikobelastung pro Krediteinheit aufgrund eines verhältnismäßig hohen Anteils der Kredite an öffentliche Körperschaften und dinglich gesicherter langfristiger Kredite verglichen mit privaten und genossenschaftlichen Kreditinstituten niedrig ist.

Aber auch den Sparkassen, wie ihren Gewährträgern übrigens, muß an bilanzmäßig ausgewiesenem Eigenkapital gelegen sein. Die Abdekkung von Verlusten nach Ausschöpfung der Möglichkeiten über die Auflösung stiller Reserven kann zu Lasten des ausgewiesenen Eigenkapitals und durch direkte Inanspruchnahme der Gewährträger erfolgen. Es ist aber das Ziel der Sparkassen, eine Inanspruchnahme der Gewährträger nach Möglichkeit zu vermeiden[3], und sie können dieses Ziel dadurch erreichen, daß sie höhere Eigenkapitalquoten verwirklichen. Mit den höheren Eigenkapitalquoten vermindert sich nämlich die Wahrscheinlichkeit, daß die Sparkassen im Falle von Verlusten die Gewährträger um Einschüsse zur Abdeckung dieser Verluste angehen müssen.

Die optimale Eigenkapitalquote, die von den Kreditinstituten angestrebt wird, stimmt bei den Sparkassen nicht unbedingt mit jener Eigenkapitalquote überein, aufgrund derer die gleichgewichtige Wachstumsrate des Geschäftsvolumens, gegeben eine Eigenkapitalrestriktion bei den Sparkassen, verwirklicht werden kann. Es liegt nahe, davon auszugehen, daß die optimale Eigenkapitalquote der Sparkassen in der Regel über jener Eigenkapitalquote liegt, die bei Berücksichtigung der Eigenkapitalrestriktion das gleichgewichtige Geschäftsvolumenswachstum ermöglichen würde. Der Grund dafür, dies anzunehmen, ergibt

[3] Vgl. hierzu Joachim von Köppen, Das Eigenkapital der Kreditinstitute, Wiesbaden 1966, S. 152; ferner Udo Güde, Geschäftspolitik der Sparkassen, Stuttgart 1975, S. 116; ferner Rudolf Holdijk, Eigenkapitalprobleme der deutschen Sparkassen, Wiesbaden 1979, S. 74. Vgl. auch die Begründung zum Vorschlag einer Änderung des § 10,2 Abs. 4 KWG im Schreiben des Präsidenten des Bundesrates an den Vorsitzenden des Vermittlungsausschusses vom 29. 3. 1961, in der es heißt: „Hier hat das haftende Eigenkapital die Funktion eines Risikopuffers im Interesse des zur Haftung verpflichteten Gewährträgers.“

sich aus der Beobachtung, daß auch jene Sparkassen, bei denen eine geschäftsbeschränkende Wirkung bankenaufsichtlicher Normen über die Jahre nicht festzustellen war, ihre Möglichkeiten, die Eigenkapitalquote so weit absinken zu lassen, daß das gleichgewichtige Geschäftsvolumenswachstum realisiert hätte werden können, vermutlich nicht voll genutzt haben. Unter diesen Bedingungen kann die tatsächlich verwirklichte Eigenkapitalquote bei den Sparkassen als das Ergebnis eines Kompromisses im Rahmen des Optimierungskalküls der Sparkassen angesehen werden, aufgrund dessen die Sparkassen mit Blick auf ihre optimale Eigenkapitalquote zur Hinnahme gewisser Wachstumsverluste bereit waren.

Ist e_{opt} die optimale Eigenkapitalquote, e_{tats} die tatsächlich realisierte Eigenkapitalquote und $\hat{e}$ wieder jene Quote, bei der unter Berücksichtigung der Eigenkapitalrestriktion der Sparkassen die gleichgewichtige Expansionsrate des Geschäftsvolumens verwirklicht werden kann, so läßt sich die vermutlich relevante Konstellation für viele Sparkassen in bezug auf ihre Eigenkapitalverhältnisse durch den Ausdruck charakterisieren:

$$e_{opt} > e_{tats} > \hat{e}.$$

Würde für die Sparkassen ein freier Zugang zum Markt für Eigenkapital existieren, so würden sie sich unter diesen Bedingungen, vorausgesetzt sie erwirtschafteten marktgerechte Eigenkapitalrenditen, Eigenkapital in einem Umfange am Beteiligungskapitalmarkt beschaffen, der es ihnen ermöglicht, die Eigenkapitalquote $\hat{e}$ an die optimale Eigenkapitalquote anzupassen. Die tatsächliche Eigenkapitalquote würde dann mit der optimalen Eigenkapitalquote in Übereinstimmung gebracht und das gleichgewichtige Geschäftsvolumenswachstum verwirklicht. Solange eine Zuführung von Eigenkapital von außen jedoch nicht möglich ist, wird mit e_{tats} eine Eigenkapitalquote verwirklicht, die als optimal unter Berücksichtigung einer zusätzlichen Restriktion, der Eigenkapitalrestriktion nämlich angesehen werden kann. Es handelt sich um ein „beschränktes Optimum", aufgrund dessen weder die optimale Eigenkapitalquote, noch die gleichgewichtige Wachstumsrate des Geschäftsvolumens für den „unbeschränkten Fall" verwirklicht wird. Die Verwirklichung der Eigenkapitalquote, die dem beschränkten Optimum entspricht, kann stabile Verhältnisse in dem Sinne implizieren, daß die Wachstumsrate des Geschäftsvolumens der des Eigenkapitals gleich ist. Die realisierte Wachstumsrate jedoch liegt unter der gleichgewichtigen Wachstumsrate des Geschäftsvolumens für den unbeschränkten und damit wettbewerbsneutralen Fall.

Die Frage ist nun, welche Wirkungen sich ergeben, wenn die Eigenkapitalrestriktion bei den Sparkassen fortbesteht, sie also bezüglich ihrer Eigenkapitalbildung auf ihre Gewinne verwiesen bleiben, den Sparkassen aber Haftungszuschläge als haftendes Eigenkapital zuerkannt werden.

Die Antwort hat davon auszugehen, daß eine Anerkennung von Haftungszuschlägen als haftendes Eigenkapital weder die optimale Eigenkapitalquote, noch die tatsächliche Eigenkapitalquote verändert und auch ohne Einfluß auf die Eigenkapitalquote $\hat{e}$ ist. Dies hat seinen Grund darin — dies ist in der Diskussion um die wettbewerbspolitische Würdigung von Haftungszuschlägen viel zu wenig beachtet worden —, daß die Anerkennung von Haftungszuschlägen den Umfang der Haftung des Gewährträgers aus Anstaltslast und Gewährträgerhaftung in keiner Weise verändert und deshalb für die Sparkassen keinerlei Anlaß zu einer Revision ihrer optimalen Eigenkapitalquote im Zusammenhang mit der Anerkennung von Haftungszuschlägen besteht; auch die Möglichkeiten der Sparkassen, Verluste ohne direkte Inanspruchnahme der Gewährträger abdecken zu können, werden durch eine Anerkennung von Haftungszuschlägen nicht beeinflußt. Die einzige, wenn auch für betroffene Institute besonders wichtige Auswirkung einer solchen Anerkennung von Haftungszuschlägen liegt in der Lockerung der geschäftsbegrenzenden Wirkungen der bankenaufsichtlichen Regelungen, insbesondere der Regelung des Grundsatzes I in Verbindung mit § 10 Abs. 2 KWG begründet.

Aus diesen Feststellungen läßt sich ein erstes Ergebnis bezüglich der wettbewerbspolitischen Konsequenzen einer Anerkennung von Haftungszuschlägen als haftendes Eigenkapital bei Sparkassen ableiten. Für jene Sparkassen, die in ihrer Geschäftspolitik von den bankenaufsichtlichen Regelungen deshalb nicht tangiert werden, weil sie die mögliche Auslastung des Grundsatzes I z. B. weit unterschreiten, bleibt die Anerkennung von Haftungszuschlägen ohne jede Wirkung hinsichtlich ihrer Wettbewerbsstellung. Eine Sparkasse, die einen Auslastungsgrad nach Grundsatz I aufweist, der unter dem Fünfzehnfachen resp. Vierzehnfachen liegt, hat bei gegebener Kreditstruktur ein ungenutztes Kreditexpansionspotential auf der Grundlage des gegebenen Eigenkapitals, das auf 20 % resp. 29,6 % zu veranschlagen ist. Man kann davon ausgehen, daß geschäftsbegrenzende Wirkungen des Grundsatzes I in diesen Fällen nicht oder nur mit geringem Gewicht zur Geltung kommen, und die Anerkennung von Haftungszuschlägen deshalb für diese Institute keinen Anlaß bildet, ihre Geschäftspolitik zu ändern[4]. Beachtet man, daß nach den Ergebnissen für den Juni des Jahres

---

[4] Die Vorstellung von einem im Falle der Zuerkennung von Haftungszuschlägen zu erwartenden ‚Kreditangebotsstoßes der Sparkassen' ist also mindestens bezüglich dieser Institute völlig unangebracht.

1981 rund 34 % aller Sparkassen das Vierzehnfache der risikogewogenen Kredite und Beteiligungen zum ausgewiesenen Eigenkapital unterschritten[5], dann wird deutlich, daß unter den gegenwärtigen Verhältnissen für eine Großzahl der Sparkassen eine Anerkennung von Haftungszuschlägen wettbewerbspolitisch ohne Bedeutung ist.

Dies ist eine Feststellung, die eine erste Relativierung der unbedingten Behauptung der Bankenstrukturkommission bedeutet, durch die Anerkennung von Haftungszuschlägen als haftendes Eigenkapital würde den Sparkassen ein nicht zu rechtfertigender Wettbewerbsvorteil eingeräumt. Für eine beachtliche Zahl von Sparkassen, für alle jene nämlich, bei denen aufsichtsrechtliche Regelungen in ihrer geschäftsbegrenzenden Wirkung nicht zur Geltung kommen, weil erhebliche Auslastungspotentiale vorhanden sind, wird die Anerkennung von Haftungszuschlägen aus den vorerwähnten Gründen keinerlei Auswirkungen auf die Geschäftspolitik haben und deshalb wettbewerbspolitisch ohne Belang sein. Man kann in der Argumentation sogar noch einen Schritt weitergehen. Sind nämlich die Sparkassen angesichts bestehender Eigenkapitalrestriktion nicht in der Lage, ihre optimale Eigenkapitalquote für den unbeschränkten Fall und das gleichgewichtige Geschäftsvolumenswachstum zu realisieren, sind sie also als Folge der Eigenkapitalrestriktion im Wettbewerb mit anderen Kreditinstituten, die Zugang zum Eigenkapitalmarkt besitzen, benachteiligt, so ändert eine Anerkennung von Haftungszuschlägen an dieser Benachteiligung nichts. Bestehende Wettbewerbsnachteile für die Sparkassen bleiben in vollem Umfange erhalten.

Ein anderer Fall liegt bei den Sparkassen vor, bei denen die geschäftsbegrenzende Wirkung bankenaufsichtlicher Regelungen zur Geltung kommt und dazu führt, daß diese Kreditinstitute nicht nur der Eigenkapitalrestriktion, sondern auch noch der zusätzlichen Restriktion, die von den bankenaufsichtlichen Regelungen bei diesen Instituten ausgeht, unterliegen. Dabei können diese bankenaufsichtlich bedingten Restriktionen die Wirkungen der Eigenkapitalrestriktion bei den Sparkassen noch potenzieren. Für eine in den letzten Jahren zunehmende Zahl von Sparkassen scheint dies zuzutreffen.

Bei der Behandlung dieses Falles und der Untersuchung der Wirkungen einer Anerkennung von Haftungszuschlägen als haftendes Eigenkapital ist davon auszugehen, daß die geschäftsbegrenzenden Wirkungen bankenaufsichtlicher Normen nur dann auftreten, wenn die bei gegebener Struktur der Aktiva minimale, gerade noch zulässige Eigenkapitalquote über jener Eigenkapitalquote liegt, die aus der

---

[5] Vgl. hierzu Stellungnahme des Deutschen Sparkassen- und Giroverbandes zum Entwurf eines Gesetzes ..., S. 185.

Sicht der Kreditinstitute unter den gegebenen Bedingungen als optimal angesehen wird. Steht eine Sparkasse unter einer Eigenkapitalrestriktion, dann ist für dieses Institut das beschränkte Optimum der Eigenkapitalquote relevant. Man kann dies auch direkt unter Verwendung bankenaufsichtlicher Normen formulieren. In bezug auf Grundsatz I z. B. ist davon auszugehen, daß die geschäftsbegrenzende Wirkung dieses Grundsatzes in Kraft tritt, wenn das Verhältnis der nach den Vorschriften der Bankenaufsicht risikogewogenen Kredite und Beteiligungen zum haftenden Eigenkapital, das im „beschränkten Optimum" bei Existenz einer Eigenkapitalrestriktion realisiert würde über dem von der Bankenaufsicht zugelassenen Achtzehnfachen liegen würde.

Führt man die Argumentation auf der Basis einer Betrachtung der Eigenkapitalquoten durch, so läßt sich die Bedingung für ein Effektivwerden der bankenaufsichtlichen Regelungen formal folgendermaßen angeben: Ist e_{opt} wie zuvor die optimale Eigenkapitalquote für den unbeschränkten Fall und $\overline{e_{opt}}$ die für den beschränkten Fall, wobei dann, wenn bankenaufsichtlich bedingte Geschäftsbegrenzungen nicht zur Geltung kommen, die im beschränkten Optimum realisierte Eigenkapitalquote mit unserer früheren Eigenkapitalquote e_{tats} übereinstimmt, dann gilt:

$$\frac{e_{opt} > \overline{e_{opt}} > \hat{e}}{\text{mit} \quad e^* > \overline{e_{opt}}.}$$

e^* ist dabei die von der Bankenaufsicht bei gegebener Struktur der Aktiva zugelassene minimale Eigenkapitalquote — also jene Eigenkapitalquote, die bei gegebener Struktur der Aktiva im Zusammenhang mit Grundsatz I dem Achtzehnfachen der risikogewogenen Kredite und Beteiligungen zum haftenden Eigenkapital entspricht.

Theoretisch lassen sich nun zwei mögliche Fälle unterscheiden. Im ersten Fall ist die minimale Eigenkapitalquote gleich oder kleiner als die optimale Eigenkapitalquote für den unbeschränkten Fall; im zweiten Fall liegt diese minimale Eigenkapitalquote sogar noch über der optimalen Eigenkapitalquote e_{opt}.

Betrachten wir zunächst den ersten Fall und ziehen wir dabei zum Vergleich die Verhältnisse bei privaten und genossenschaftlichen Kreditinstituten in Betracht. Private und genossenschaftliche Kreditinstitute, die einer Eigenkapitalrestriktion nicht unterliegen, würden sich für den Fall, daß sie eine marktgerechte Verzinsung des Eigenkapitals erwirtschaften, in einem Umfange Eigenkapital am Kapitalmarkt beschaffen, so daß die optimale Eigenkapitalquote e_{opt} und das gleichgewichtige Geschäftsvolumenswachstum $\overline{w}$ verwirklicht würde. Diese Institute würden unter den genannten Bedingungen ein Vielfaches der risikogewogenen Kredite und Beteiligungen zum Eigenkapital realisieren, das mehr oder weniger deutlich unter dem von der Bankenaufsicht im Maximum zugelassenen Achtzehnfachen liegen würde. Bei den Sparkassen hingegen würde in diesem Falle eine aufgrund der Eigenkapitalrestriktion bestehende Wettbewerbsbenachteiligung durch die Regelungen der Bankenaufsicht noch verschärft. Die Sparkassen nämlich wären noch nicht einmal mehr in der Lage, die optimale Eigenkapitalquote für den beschränkten Fall $\overline{e_{opt}}$ zu realisieren. Dies würde für die Sparkassen bedeuten, daß sich die Anpassung des Eigenkapitalwachstums an das Geschäftsvolumenswachstum auf geschäftspolitische Maßnahmen zur Beinflussung des Gewinn-Geschäftsvolumensverhältnisses verlagern müßte. Die Anpassung müßte damit auch durch eine Inkaufnahme höherer Wachstumsverluste des Geschäftsvolumens erkauft werden. Das Ausmaß der Wettbewerbsbenachteiligungen nimmt also für jene Sparkassen, die einer Eigenkapitalrestriktion unterliegen und bei denen die bankenaufsichtlichen Regelungen geschäftspolitisch relevant sind, infolge dieser bankenaufsichtlichen Regelungen gegenüber privaten und genossenschaftlichen Kreditinstituten, die ihre optimale Eigenkapitalquote realisieren, noch und unter Umständen in einem erheblichen Umfange zu.

Wenn nun in diesem Falle eine Anerkennung von Haftungszuschlägen als haftendes Eigenkapital bei Sparkassen erfolgt, bedeutet dies für die betroffenen Sparkassen, daß sie bei hinreichender Dosierung in die Lage versetzt werden, zwar nicht das Optimum für den unbeschränkten Fall, immerhin aber jenes für den beschränkten Fall zu verwirklichen. Dies impliziert, daß diese Kreditinstitute von den mit den bankenaufsichtlichen Regelungen verbundenen zusätzlichen Wettbewerbsnachteilen befreit und in dem Zwang zur Verminderung der Wachstumsrate des Geschäftsvolumens entlastet werden. Wettbewerbsnachteile werden bei Sparkassen durch die Anerkennung von Haftungszuschlägen also abgebaut, allerdings nur insoweit diese Nachteile nicht direkt mit der Eigenkapitalrestriktion, der die Sparkassen unterliegen, in Zusammenhang stehen. Die Wettbewerbsnachteile, die sich, wenn die Eigenkapitalrendite unter dem gleichgewichtigen Geschäftsvolumenswachstum liegt, als Folge eines fehlenden Zugangs zum Beteiligungskapitalmarkt ergeben, bleiben den Sparkassen in vollem Umfange erhalten. Diese Aussage ist voll vereinbar mit der Feststellung, daß die betreffenden Sparkassen im Falle einer Anerkennung von Haftungszuschlägen ein Vielfaches der risikogewogenen Kredite und Beteiligungen zum ausgewiesenen Eigenkapital verwirklichen werden, das unter Umständen deutlich über dem von der Bankenaufsicht gegenwärtig zugelassenen Achtzehnfachen liegt, während die privaten und genossenschaftlichen Kreditinstitute, ohne im Wettbewerb benachteiligt zu sein, im Optimum unter dem Achtzehnfachen bleiben. Wir stellen also fest, daß die Anerkennung von Haftungszuschlägen als haftendes Eigenkapital bei den Sparkassen in dem gekennzeichneten Fall zu einem Abbau von Wettbewerbsverzerrungen führt, in der Regel aber Wettbewerbsnachteile aus Gründen eines fehlenden Zuganges zum Risikokapitalmarkt aufrechterhalten bleiben.

In dem anderen Fall, bei dem die implizit festgelegte minimale Eigenkapitalquote der Bankenaufsicht über der optimalen Eigenkapitalquote e_{opt} liegt, werden nicht nur die Sparkassen, sondern auch private Kreditinstitute von der geschäftsbegrenzenden Wirkung bankenaufsichtsrechtlicher Normen erfaßt und sind nicht in der Lage, ihr geschäftspolitisches Optimum zu verwirklichen. Dies bedeutet dann zugleich, daß auch die betroffenen privaten Kreditinstitute nicht das ihrem geschäftspolitischen Optimum entsprechende Wachstum des Geschäftsvolumens durchführen können.

Erfolgt unter diesen Bedingungen eine Anerkennung von Haftungszuschlägen als haftendes Eigenkapital bei Sparkassen in einem Umfange, so daß die Sparkassen in der Lage sind, ihr Optimum, das bei Fortbestehen der Eigenkapitalrestriktion das ‚beschränkte Optimum' $\overline{e_{opt}}$ ist, zu realisieren, so bedeutet dies, daß sie dadurch der Notwendigkeit enthoben sind, bankenaufsichtlich bedingte Geschäftsbegrenzungen durch eine Hinnahme von Wachstumsverlusten einzuhalten. Aber auch in diesem Falle bleiben den Sparkassen die durch die Eigenkapitalrestriktion bedingten Nachteile erhalten. Diesen stehen nun aber Nachteile bei anderen Kreditinstituten gegenüber, die nicht in der Lage sind, ihr geschäftspolitisches Optimum aufgrund der geschäftsbegrenden Wirkungen bankenaufsichtlicher Regelungen zu verwirklichen. Eine generelle Antwort darauf, ob sich unter diesen Bedingungen per Saldo Wettbewerbsvor- oder -nachteile für die Sparkassen gegenüber anderen Kreditinstituten ergeben, ist jedoch nicht möglich und hängt von den Bedingungen im einzelnen, insbesondere von der Höhe der Eigenkapitalrestriktion der Sparkassen ab. Nur im Falle eines Fehlens solcher Eigenkapitalrestriktionen ist das wettbewerbspolitische Ergebnis einer Anerkennung von Haftungszuschlägen als haftendes Eigenkapital bei Sparkassen eindeutig, führt eine Anerkennung zu einem Wettbewerbsvorteil der Sparkassen gegenüber den privaten Kreditinstituten. Da wir aber angesichts unserer empirischen Befunde von einem solchen Fall nicht ausgehen können, muß die von der Bankenstrukturkommission behauptete wettbewerbspolitische Wirkung einer Anerkennung von Haftungszuschlägen als haftendes Eigenkapital auch in diesem Zusammenhange in ihrer Unbedingtheit kritisiert werden.

Aber selbst die Feststellung, daß ein eindeutiges wettbewerbspoliti-sches Urteil über eine Anerkennung von Haftungszuschlägen als haftendes Eigenkapital in diesem speziellen Falle, bei dem die optimale Eigenkapitalquote unter jener von der Bankenaufsicht gerade zugelassenen liegt, nicht möglich sei, sondern von den jeweiligen Umständen abhänge, muß noch einmal relativiert werden. Bislang wurde nämlich implizit von der Annahme ausgegangen, alle Kreditinstitute seien in bezug auf die geschäftsbegrenzenden Regelungen der Bankenaufsicht gleichgestellt. Dies entspricht aber nicht den gegenwärtig geltenden Bedingungen, wie sie in der Fassung des § 10 Abs. 2 KWG ihren Ausdruck finden. Im Unterschied zu den Sparkassen nämlich werden bei den Kreditgenossenschaften, die in vielen Fällen an relevanten Märkten die für die Sparkassen relevanten Wettbewerber sind, Haftsummenzuschläge als haftendes Eigenkapital anerkannt, und auch bei Privatbankiers findet das freie Vermögen als haftendes Eigenkapital Anerkennung[6, 7]. Berücksichtigt man dies, dann kann sehr wohl der Fall eintreten, daß die Schranke des Grundsatzes I bei Kreditgenossenschaften und Privatbankiers infolge der Anerkennung von Haftsummenzuschlägen resp. der Anerkennung des freien Vermögens nicht zur Geltung kommt, diese Institute also dadurch in der Lage sind, ihr geschäftspolitisches Optimum zu verwirklichen; die Sparkassen jedoch ohne eine Anerkennung von Haftungszuschlägen einer potenzierten Benachteiligung aufgrund der Eigenkapitalrestriktion in Verbindung mit den bankenaufsichtlichen Geschäftsbegrenzungen unterworfen sind. Und selbst wenn die Sparkassen hinsichtlich der Anerkennung von Haftungszuschlägen den Kreditgenossenschaften gleichgestellt würden, bliebe den Sparkassen auch in diesem Falle wiederum Wettbewerbsbenachteiligung aufgrund der Eigenkapitalrestriktion, der sie anders als andere Kreditinstitute unterworfen sind.

c) Zur Frage der Ausgestaltung von Haftungszuschlägen als haftendes Eigenkapital für Sparkassen unter wettbewerbspolitischen Gesichtspunkten

Die Frage ist nun, wie eine Ausgestaltung von Haftungszuschlägen zum haftenden Eigenkapital aussehen kann, die auf der einen Seite

---

[6] Auch bei privaten Kreditinstituten, die gegenwärtig ihr haftendes Eigenkapital mehrfach zu belegen in der Lage sind, besteht die auch vielfach genutzte Möglichkeit, die Geschäftsbegrenzung des Grundsatzes I beträchtlich hinauszuschieben.

[7] Die Bedeutung der Existenz von Haftsummenzuschlägen als haftendes Eigenkapital bei den Kreditgenossenschaften erhellt aus der Anmerkung von Viehoff, bei Wegfall des Haftsummenzuschlags würden rund 1 000 Volksbanken und Raiffeisenbanken der insgesamt 4 500 Kreditgenossenschaften die Grenze des 18fachen nach Grundsatz I überschreiten, Institute, die offenbar gegenwärtig keine Grundsatz I-Probleme zu verzeichnen haben. Vgl. hierzu Felix Viehoff, Eigenkapitalausstattung und Haftsummenzuschlag bei den Genossenschaftsbanken, in: ZfgG Bd. 30, 1980, S. 215.

durch bankenaufsichtliche Regelungen bedingte Wettbewerbsnachteile der Sparkassen beseitigt oder doch so weit wie möglich vermindert, ohne auf der anderen Seite Wettbewerbsvorteile zu erzeugen. Aufgrund der vorstehenden Überlegungen ist eine theoretisch befriedigende Lösung nicht schwer zu finden. Wie sich jedoch zeigt, ergeben sich die Probleme bei dem Versuch, diese theoretische Lösung in ein praktikables Konzept umzusetzen.

Die theoretische Lösung ist durch folgende Eigenschaften charakterisiert: Die den Sparkassen zuzuerkennenden Haftungszuschläge müßten dem Betrage nach genau so groß sein, daß die Differenz zwischen der optimalen Eigenkapitalquote und jener Eigenkapitalquote, bei der im Falle von Eigenkapitalrestriktionen das gleichgewichtige Geschäftsvolumenswachstum realisiert werden kann, beseitigt wird. Diese Forderung bedeutet in bezug auf die bankenaufsichtliche Regelung des § 10 Abs. 2 KWG in Verbindung mit Grundsatz I, daß die Differenz zwischen dem optimalen Kredit-Eigenkapitalverhältnis — das Eigenkapital gemessen durch das ausgewiesene Kapital — und dem gleichgewichtigen Kredit-Eigenkapitalverhältnis, jenem Verhältnis, aufgrund dessen die gleichgewichtige Wachstumsrate des Geschäftsvolumens gerade realisiert wird, ausgeglichen wird. Eine Haftzuschlagslösung, die diese Bedingungen erfüllt, stellt sicher, daß die Sparkassen in wettbewerbspolitischer Hinsicht jenen privaten Kreditinstituten in bezug auf die Regelung des § 10 Abs. 2 KWG in Verbindung mit Grundsatz I gleichgestellt werden, bei denen das haftende Eigenkapital mit dem ausgewiesenen Eigenkapital übereinstimmt. Dies bedeutet, daß Haftsummenzuschläge der Kreditgenossenschaften z. B. mit Haftungszuschlägen der Sparkassen in dem hier angesprochenen Sinne nicht zu vergleichen sind, denn die Haftsummenzuschläge erweitern den geschäftspolitischen Spielraum und ermöglichen die Verwirklichung der optimalen Eigenkapitalquote auch in Fällen, in denen dies bei privaten Kreditinstituten aufgrund der geschäftsbegrenzenden Wirkung des Grundsatzes I nicht möglich ist.

Die Implikationen einer wettbewerbsneutralen Ausgestaltung von Haftungszuschlägen als haftendes Eigenkapital bei Sparkassen lassen sich wie folgt präzisieren: Ist F^* das optimale Kredit-Eigenkapitalverhältnis mit dem Eigenkapital als dem ausgewiesenen Kapital und F das Verhältnis, aufgrund dessen die gleichgewichtige Wachstumsrate des Geschäftsvolumens bei Existenz einer Eigenkapitalrestriktion verwirklicht werden kann, dann lautet die Forderung: $F - F^* = 0$[8]. Für F läßt

[8] Wenn z. B. das optimale Kredit-Eigenkapitalverhältnis im Sinne der Bankenaufsicht das 18-fache übersteigt, wird durch $F - F^* = 0$ ein Haftzuschlag zum Eigenkapital in einem Umfange gewährt, so daß auch für die Sparkassen wie für private Kreditinstitute in vergleichbarer Lage die geschäftsbegrenzende Wirkung des Grundsatzes I zur Geltung kommt. Durch die

sich nun schreiben, wenn man die Möglichkeit einer Anerkennung von Haftungszuschlägen in Betracht zieht:

$$F = \frac{\text{Summe der risikogewogenen Kredite und Beteiligungen}}{\text{haftendes Eigenkapital}} = \frac{\Sigma\, \alpha_i K_i}{E + HZ}$$

Dabei bringt HZ den Betrag der Haftungszuschläge zum Ausdruck, K_i steht für den Betrag an Krediten resp. Beteiligungen der Risikokategorie i im Sinne der bankenaufsichtlichen Regelungen und die α_i repräsentieren die Risikogewichtungsfaktoren. Bezieht man Zähler wie Nenner dieses Ausdrucks auf das Geschäftsvolumen, so läßt sich schreiben:

$$F = \frac{\Theta}{\hat{e}\,(1 + \frac{HZ}{E})}$$

$$\text{wobei} \quad \Theta = \frac{\Sigma\, \alpha_i K_i}{GV}$$

Die Eigenkapitalquote $\hat{e}$ entspricht jener Quote, aufgrund derer bei gegebener Eigenkapitalrestriktion das gleichgewichtige Geschäftsvolumenswachstum der Sparkassen verwirklicht werden kann. Das wettbewerbsneutrale Volumen an Haftungszuschlägen ergibt sich nun aus der Bedingung $F - F^* = 0$ unter Verwendung unserer Bestimmungsgleichung für $\hat{e}$ mit

$$HZ = \{ \frac{\bar{w}\, \Theta}{g\,(1 - t)\, F^*} - 1 \}\, E$$

Bei HZ handelt es sich um jenen Betrag an Haftungszuschlag, der der einzelnen Sparkasse zuerkannt werden muß, um sie im Wettbewerb durch die bankenaufsichtsrechtliche Regelung des Grundsatzes I gegenüber Kreditinstituten ohne Haftungszuschläge nicht zu benachteiligen. Aufgrund dieses analytischen Ergebnisses lassen sich nun die Probleme einer Umsetzung der theoretischen Lösung in ein operationales Haftungszuschlagskonzept deutlich machen:

— Die Lösung läßt erkennen, daß die den einzelnen Sparkassen zuzuerkennenden Haftungszuschläge in der Regel unterschiedlich hoch sein werden und daß die Haftungszuschläge im allgemeinen von Periode zu Periode korrigiert werden müßten.

Anerkennung von Haftungszuschlägen könnte beispielsweise ein Kredit-Eigenkapitalverhältnis von 26, aufgrund dessen das gleichgewichtige Geschäftsvolumenswachstum der Sparkasse verwirklicht werden könnte, auf das 22-fache reduziert werden. Die Sparkasse wäre damit aber — im Unterschied zur Kreditgenossenschaft — durch die Begrenzung auf das 18-fache des haftenden Eigenkapitals weiterhin der geschäftsbegrenzenden Wirkung des Grundsatzes I unterworfen; allerdings nur in einem Ausmaße, das den privaten Kreditinstituten (ohne Haftungszuschläge) in vergleichbarer Lage entsprechen würde.

Insoweit die Haftungszuschläge von der Höhe des ausgewiesenen Eigenkapitals E abhängig sind, läßt sich eine diesbezügliche Korrekturbedürftigkeit in der Zeit vermeiden, indem man zweckmäßigerweise die Haftungszuschläge auf das ausgewiesene Eigenkapital bezieht, die Haftungszuschläge also als Prozentaufschlag auf das ausgewiesene Eigenkapital festlegt.

Neben dem Eigenkapital treten aber noch andere Variable auf, die institutspezifische Werte aufweisen. Bei unterschiedlichen Rahmenbedingungen werden sich gerade bei den Sparkassen, bei denen infolge u. a. des Regionalprinzips mitunter erhebliche Strukturunterschiede vorliegen, das optimale Kredit-Eigenkapitalverhältnis, die gleichgewichtige Wachstumsrate des Geschäftsvolumens, die Gewinn-Geschäftsvolumensverhältnisse und die Θ-Faktoren unterscheiden.

— Die Werte der verschiedenen Variablen sind in der Regel unbekannt. Dies gilt zunächst für die Höhe des optimalen Kredit-Eigenkapitalverhältnisses, aber auch für die gleichgewichtige Wachstumsrate, das Gewinn-Geschäftsvolumensverhältnis und die Θ-Faktoren. Hinsichtlich der letztgenannten Faktoren ist zu bedenken, daß gerade bei Sparkassen, deren geschäftspolitische Dispositionen in der Vergangenheit sowohl durch die Eigenkapitalrestriktion als auch durch die Geschäftsbegrenzung des Grundsatzes I in Verbindung mit § 10 KWG beeinflußt wurden, aus den statistisch beobachteten Werten für das Wachstum des Geschäftsvolumens etc. Schlüsse auf $\bar{w}$ und die anderen Variablen zu fehlerhaften Ergebnissen führen können. Sparkassen, die unter dem Eindruck eines fehlenden Zugangs zum Eigenkapitalmarkt und anhaltend positiver Differenz zwischen der gleichgewichtigen Wachstumsrate und der Eigenkapitalrendite gezwungen waren, Maßnahmen zur Stabilisierung ihres Kredit-Eigenkapitalverhältnisses zu ergreifen, befinden sich in der Lage, daß die tatsächlich realisierte Wachstumsrate des Geschäftsvolumens unter der gleichgewichtigen Rate liegt und das Gewinn-Geschäftsvolumensverhältnis höher ist als ohne Eigenkapitalrestriktion. Dies bedeutet, daß bei Verwendung der tatsächlich beobachteten Werte der betreffenden Variablen die errechneten Haftungszuschläge kleiner ausfallen müßten als erforderlich.

Aber auch eine Orientierung an den Werten, wie sie bei privaten Kreditinstituten verwirklicht wurden, liefert keine zuverlässigen Informationen, denn einerseits unterscheiden sich die privaten Kreditinstitute in ihrer Struktur von der der Sparkassen im allgemeinen recht deutlich, zum anderen entsprechen auch bei den privaten Kreditinstituten die beobachteten Werte nicht unbedingt den optimalen Werten; insbesondere dann nicht, wenn die privaten

Kreditinstitute unter dem Eindruck bankenaufsichtsrechtlicher Regelungen nicht in der Lage sind, ihr Optimum zu verwirklichen resp. wenn sie ihr Optimum zwar verwirklichen, die Statistik jedoch ‚falsche Zahlen' auswirft, weil die privaten Institute ihr Eigenkapital mehrfach belegt haben. Am ehesten könnten die Werte, wie sie von den Kreditgenossenschaften verwirklicht werden, Hinweise geben, denn die Kreditgenossenschaften unterliegen weder einer Eigenkapitalrestriktion, noch haben sie im allgemeinen Probleme mit der Einhaltung jener bankenaufsichtsrechtlichen Normen, die sich auf das haftende Eigenkapital beziehen; werden doch bei den Kreditgenossenschaften die Haftsummenzuschläge als haftendes Eigenkapital anerkannt. Probleme ergeben sich daraus, daß die erforderlichen statistischen Informationen der Öffentlichkeit nicht zugänglich sind[9].

Bei dem Versuch, eine operationale Lösung zu finden, ist davon auszugehen, daß die Möglichkeiten, die individuellen Bedingungen der einzelnen Sparkassen angemessen zu berücksichtigen — ohne nennenswerte Effizienzverluste in Kauf nehmen zu müssen — begrenzt sind. Dies gilt insbesondere auch deshalb, weil die Möglichkeit von Korrekturen der Haftungszuschläge im Laufe der Zeit den Kreditinstituten die Chance eröffnet, über entsprechende geschäftspolitische Maßnahmen zur Beinflussung der Determinanten dieser Haftungszuschläge diese in ihrem Sinne zu beinflussen. Der Versuch, dies zu vermeiden, läuft auf eine Lösung hinaus, die besondere Bedingungen einzelner Kreditinstitute vernachlässigen muß, weshalb auf der einen Seite potentielle Wettbewerbsvorteile einzelner Institute nicht für jeden Fall ausgeschlossen werden können, auf der anderen Seite aber nicht alle durch Grundsatz I in Verbindung mit § 10 Abs. 2 KWG hervorgerufenen Wettbewerbsnachteile beseitigt werden können.

---

[9] Als erste Hinweise können die von der Bankenstrukturkommission in Tabelle 48 ihres Anhangs zum Bericht über Eigenkapital-/Kreditverhältnisse bei den Kreditgenossenschaften von acht ausgewählten Genossenschaftsverbänden angesehen werden. Die durchschnittliche Auslastung des Grundsatzes I auf der Grundlage des haftenden Eigenkapitals unter Berücksichtigung von Haftsummenzuschlägen lag am 30. 9. 1977 beim 11-fachen und streute vom 8,7-fachen bis zum 13,3-fachen bei den verschiedenen Verbänden. Wichtiger in diesem Zusammenhang aber ist die fiktive Auslastung des Grundsatzes I bei Vernachlässigung der Haftsummenzuschläge. Es ist bemerkenswert, daß am 30. 9. 1977 bei einer durchschnittlichen Auslastung des Grundsatzes I in Höhe des 15,7-fachen die Einzelwerte vom 12,6-fachen bis zum 18-fachen streuten. Die Zahl der erfaßten Kreditinstitute betrug 88, auf die einzelnen Klassen (Verbände) entfielen 10 resp. 12 bzw. 13 Kreditinstitute. Diese Angaben lassen vermuten, daß jedenfalls gegen Ende des Jahres 1977 das optimale Kredit-Eigenkapitalverhältnis bei den Kreditgenossenschaften — als Eigenkapital das ausgewiesene Kapital zugrundegelegt — nur in seltenen Ausnahmefällen das 18-fache überschritt.

Zu denken wäre an eine Haftzuschlagslösung mit einheitlichem prozentualem Zuschlag auf das ausgewiesene Eigenkapital, wobei die Höhe des prozentualen Zuschlages unter Verwendung von Werten für die relevanten Variablen zu ermitteln wäre, die sich als Durchschnitt aller Werte der einzelnen Sparkassen ergeben. Da an statistischen Informationen nur die Durchschnitte der tatsächlich realisierten Werte der Variablen und nicht die eigentlich relevanten optimalen Werte vorliegen, liefert eine Berechnung der ‚erforderlichen Haftzuschlagssätze' auf der Grundlage der realisierten Werte eine konservative Abschätzung der erforderlichen Haftzuschlagssätze. Die errechneten ‚erforderlichen Sätze' sind demnach als Mindestsätze anzusehen, die für alternative Wachstumsraten des Geschäftsvolumens im Gleichgewicht zugestanden werden müßten.

Bei den Berechnungen, deren Ergebnisse in der folgenden Tabelle wiedergegeben sind, wurden folgende Werte für die relevanten Variablen zugrundegelegt: Für das Gewinn-Geschäftsvolumensverhältnis (*g*), ausgedrückt durch das Verhältnis des Jahresüberschusses vor Steuern aller Sparkassen zum durchschnittlichen Geschäftsvolumen dieser Institute, wurde ein Satz von 0,8 % unterstellt. Dieser Satz entspricht dem Durchschnitt der Jahresüberschüsse vor Steuern zum Geschäftsvolumen der Jahre 1973 bis 1980 für alle Sparkassen. In bezug auf das Verhältnis der Steuern vom Einkommen, dem Ertrag und Vermögen zum Jahresüberschuß vor Steuern (*t*) wurde von den neuen steuerlichen Verhältnissen nach Inkrafttreten des Subventionsabbaugesetzes ausgegangen. Für *t* wurde ein Satz von 61,3 % zugrundegelegt. Als Wert für das Verhältnis der nach Grundsatz I risikogewogenen Kredite und Beteiligungen zum Geschäftsvolumen (Θ) wurde 0,42 angesetzt. Der Satz von 42 % ergibt sich als Durchschnitt der Θ-Werte aller Sparkassen in den Jahren von 1973 bis 1980. Bei der Ermittlung des Wertes für *F*, dem Vielfachen der risikogewogenen Kredite und Beteiligungen zum ausgewiesenen Eigenkapital, gingen wir von den von der Bundesbank in ihren Geschäftsberichten für die Zeit seit 1973 berichteten Durchschnittswerten für die jeweiligen Jahre und für alle Sparkassen aus. Der relevante Durchschnittswert für *F* ist 12,5.

Als gleichgewichtige Wachstumsraten des Geschäftsvolumens wurden alternativ die Sätze 10 %, 12 % und 14 % unterstellt. Zur Begründung dieser Wachstumsraten des Geschäftsvolumens ist anzuführen: Die jahresdurchschnittliche Wachstumsrate des Geschäftsvolumens sowohl aller Bankengruppen als auch der Gruppe der Universalkreditinstitute betrug im langfristigen Durchschnitt der Jahre 1960 bis 1981 jeweils 12,0 %. Bei der Ermittlung dieser Wachstumsrate blieb der Einfluß des überproportionalen Wachstums bankgeschäftlicher Betätigung über Auslandsfilialen und Tochterinstitute im Ausland unberücksichtigt. Von

Größenordnungen der Wachstumsraten dieser Art ist bei der Ermittlung der erforderlichen Haftzuschlagssätze auszugehen und nicht von den unter besonderen Verhältnissen in den letzten Jahren realisierten niedrigeren Wachstumsraten des Geschäftsvolumens[10], weil für die Zukunft bei zu erwartenden höheren Inflationsraten als z. B. in den 60er Jahren eher mit einer über dem langfristigen Durchschnitt der Vergangenheit liegenden Wachstumsrate der Bilanzsummen und Geschäftsvolumina zu rechnen ist. Eine nachhaltige Belebung der wirtschaftlichen Aktivitäten kann das Szenarium in bezug auf die Wachstumsraten des Geschäftsvolumens sehr rasch verändern[11].

Unter Verwendung dieser Zahlenwerte ergeben sich die folgenden ‚erforderlichen Haftzuschlagssätze' als haftendes Eigenkapital bei Sparkassen:

Erforderliche Haftzuschlagssätze als haftendes Eigenkapital bei Sparkassen in %

Θ	gleichgewichtige Wachstumsrate des Geschäftsvolumens in %		
	10	12	14
0,42	12	34	57
0,50	29	55	80

Geht man davon aus, daß sich auf längere Sicht ein gleichgewichtiges Geschäftsvolumenswachstum von mindestens 12 % p. a. ergibt, so wäre dieser Tabelle zufolge die Zuerkennung eines Haftzuschlagssatzes für Sparkassen in Höhe von mindestens 34 % erforderlich, ein Satz, wie er den Vorstellungen des Bundeslandes Baden-Württemberg zufolge für notwendig gehalten wird.

Ein ergänzender Hinweis zu den errechneten Ergebnissen scheint zweckmäßig: Bezüglich der Relevanz der zugrundegelegten Durchschnittswerte der verschiedenen Variablen ergibt sich ein besonderes

[10] Für die Jahre 1975 bis 1981 errechnet sich eine jahresdurchschnittliche Wachstumsrate aller Bankengruppen ohne Berücksichtigung der Entwicklung der Auslandsaktivitäten von 9,7 %.

[11] Zu erinnern ist z. B. daran, daß das Geschäftsvolumenswachstum der Kreditbanken, das jahresdurchschnittlich in der Zeit von 1968 bis 1981 11 % betrug, sich im Jahre 1969 auf 19,1 % und im Jahre 1972 auf 16,7 % belief.

Maß an Unsicherheit hinsichtlich der für die Zukunft erwarteten Variablen-Werte für das Verhältnis der risikogewogenen Kredite und Beteiligungen zum Geschäftsvolumen (Θ). Eine Betrachtung der zeitlichen Entwicklung der Θ-Werte bei Sparkassen in den letzten Jahren läßt nämlich eine deutlich zunehmende Tendenz erkennen, eine Tendenz, die maßgeblich für die verschärften Grundsatz I-Probleme der Sparkassen verantwortlich zu machen ist und die eine strukturelle Änderung der Geschäftsstruktur der Sparkassen andeutet. Als Θ-Werte ergaben sich für 1977 0,39, für 1978 0,40, für 1979 0,43, für 1980 0,45 und für 1981 0,48. Geht man davon aus, daß die Θ-Werte in der Zukunft unter Umständen noch höher liegen werden, dann liefert der verwendete durchschnittliche Wert von 0,42, wie er den obigen Berechnungen in der ersten Zeile der Tabelle zugrundegelegt wurde, ein verzerrtes Bild. Es scheint deshalb zweckmäßig, bei sonst gleichen Verhältnissen eine Alternativrechnung auf der Grundlage eines alternativen Θ-Wertes durchzuführen. Unterstellt man — wie in obiger Tabelle in Zeile 2 — einen Θ-Wert von 0,5, so ergeben sich — wiederum unter Berücksichtigung der neuen steuerlichen Regelungen — die oben ausgewiesen erheblich höheren ‚erforderlichen Haftzuschlagssätze'[12].

Die Werte der Tabelle machen deutlich, daß selbst bei stark eingeschränktem Bereich für die Werte der relevanten Variablen beachtliche Unterschiede hinsichtlich der ‚erforderlichen Haftzuschlagssätze' zu verzeichnen sind. Da es aber, solange die Sparkassen keine Möglichkeit haben, außenfinanziertes Eigenkapital zu erhalten, unter wettbewerbspolitischen Gesichtspunkten nicht darum gehen kann, ob den Sparkassen Haftungszuschläge anerkannt werden sollen oder nicht, sondern nur die Höhe dieser Zuschlagssätze strittig sein kann, und da außerdem davon ausgegangen werden muß, daß die Sparkassen unter dem Eindruck bestehender Eigenkapitalrestriktionen ohnedies den ihnen mit der Anerkennung von Haftungszuschlägen eröffneten geschäftspolitischen Spielraum nicht voll ausnutzen können, ist die Haftzuschlagslösung für die Sparkassen bei gleichzeitig großzügiger Festlegung der Zuschlagssätze eine wettbewerbspolitisch wohl begründete Maßnahme, jedenfalls so lange, als nicht sichergestellt ist, daß die Sparkassen das für die Ausschöpfung ihres natürlichen Leistungs- und Wachstumspotentials erforderliche Eigenkapitalwachstum durch Eigenkapitalzuführungen von außen verwirklichen können.

[12] Es ist anzumerken, daß sich mit der Änderung der Θ-Faktoren auch eine Veränderung des optimalen Kredit-Eigenkapitalverhältnisses (F^*) einstellen kann. Allerdings ist a priori die Richtung dieser Veränderung nicht bestimmt.

2. Wettbewerbspolitische Beurteilung der Ausstattung der Sparkassen mit Dotationskapital als haftendem Eigenkapital

Anders als bei der Haftzuschlagslösung ist die Lösung, die die ausreichende Eigenkapitalversorgung der Sparkassen auf dem Wege über die Zuführung von Dotationskapital seitens der Gewährträger erreichen will, bemerkenswerterweise weder aus bankenaufsichtlichen, noch wettbewerbspolitischen Gründen umstritten. Die Bankenstrukturkommission nimmt zu den wettbewerbspolitischen Implikationen der ‚Dotationskapitallösung' überhaupt nicht Stellung. Die Enquêtekommission der Bundesregierung sieht in der Zuführung von Dotationskapital für den Fall, daß nach Abbau der ‚Steuerprivilegien' der Sparkassen keine Eigenkapitalbildung im Wege der Selbstfinanzierung mehr möglich ist, die eine volle Ausnutzung des natürlichen ‚Leistungs- und Wachstumspotentials' der Sparkassen gewährleisten würde, ‚das geeignete und den Trägern der Sparkassen auch zumutbare Mittel', ein störungsfreies Wachstum des Geschäftsvolumens zu ermöglichen[13] und Wettbewerbsnachteile als Folge von Eigenkapitalrestriktionen zu vermeiden. Die Enquêtekommission stellt in diesem Zusammenhange fest, die Errichtungskörperschaften seien rechtlich nicht gehindert, ihren Instituten Eigenkapital von außen zuzuführen[14]; sie bringt allerdings zugleich ihre Erwartung zum Ausdruck, daß die Sparkassen „voraussichtlich Schwierigkeiten haben werden, von ihren Trägern Eigenkapital zu erhalten“[15]. Naheliegende wettbewerbspolitische Konsequenzen knüpft die Enquêtekommission daran jedoch nicht.

a) Wettbewerbspolitische Implikationen einer Zuführung von Dotationskapital bei veränderter Wettbewerbsstellung der Sparkassen

Die Bedeutung einer Zuführung von Dotationskapital für die Sparkassen geht aus unserer Sicht unter den veränderten wettbewerbspolitischen Bedingungen der Gegenwart über ihre Relevanz für die Höhe des haftenden Eigenkapitals als der Basis für geschäftsbegrenzende Wirkungen bankenaufsichtlicher Regelungen weit hinaus. Eine Eigenkapitalzuführung von außen ermöglicht es den Sparkassen nicht nur, die im Zusammenhang mit der gegenwärtig bestehenden Eigenkapitalrestriktion als Folge der geschäftsbegrenzenden Wirkungen

[13] Bericht der Enquêtekommission, S. 131.
[14] Ebenda, S. 130.
[15] Ebenda, S. 130.

bankenaufsichtlicher Normen auftretenden Wettbewerbsnachteile zu beseitigen; sie vermindert oder beseitigt darüber hinaus Wettbewerbsnachteile der Sparkassen, die direkte Folge der Eigenkapitalrestriktion sind und auch bei den Sparkassen zur Geltung kommen, die mit bankenaufsichtlichen Regelungen nicht in Konflikt zu geraten drohen. Die Dotationskapitallösung ist insofern der Haftzuschlagslösung überlegen, als letztere die wettbewerbliche Benachteiligung, die in der Verwirklichung des ‚beschränkten Optimums' der Sparkassen zum Ausdruck kommt, nicht zu vermeiden ermöglicht.

Bei einem Auseinanderfallen der gleichgewichtigen Wachstumsrate des Geschäftsvolumens und der Eigenkapitalrendite der Sparkassen (für den normalen Fall) weicht die optimale Eigenkapitalquote von jener Eigenkapitalquote ab, die bei Existenz der Eigenkapitalrestriktion das gleichgewichtige Geschäftsvolumenswachstum zu realisieren erlaubt. Die Haftzuschlagslösung kann daraus resultierende Wettbewerbsnachteile nicht verhindern. Eine Zuführung von Dotationskapital in ausreichendem Umfange hingegen erlaubt es, die optimale Eigenkapitalquote mit jener, die mit dem gleichgewichtigen Geschäftsvolumenswachstum vereinbar ist, in Übereinstimmung zu bringen, so daß die Sparkassen in die Lage versetzt werden, mit der optimalen Eigenkapitalquote das gleichgewichtige Geschäftsvolumenswachstum zu realisieren. Die Sparkassen sind mit anderen Worten der Notwendigkeit einer Geschäftspolitik enthoben, die über eine Beeinflussung des Verhältnisses der Gewinne nach Steuern zum Geschäftsvolumen das Eigenkapitalwachstum dem Geschäftsvolumenswachstum anzupassen sucht und dabei Wachstumsverluste in Kauf zu nehmen gezwungen ist.

Die bei Anerkennung des öffentlich-rechtlichen Charakters der Sparkassen unter wettbewerbspolitischen Aspekten „ideale Eigenkapitallösung" für die Sparkassen begegnet offensichtlich jedoch gewissen Schwierigkeiten bei der Implementation, denn wenn, wie die Enquêtekommission feststellt, rechtliche Hinderungsgründe für die Zuführung von Eigenkapital durch die Gewährträger nicht existieren, eine seit den Maßnahmen des zweiten Steueränderungsgesetzes zum Abbau der Steuerprivilegien der Sparkassen anhaltende Differenz zwischen dem Geschäftsvolumenswachstum und der Eigenkapitalrendite jedoch keinen Anlaß geboten hat, den Sparkassen Dotationskapital zuzuleiten, muß es faktische Hinderungsgründe geben; Hinderungsgründe, die bei einer Beurteilung der wettbewerbspolitischen Implikationen der Dotationskapitallösung nicht unberücksichtigt bleiben können.

b) Die Implikationen der Dotationskapitallösung für die Gewährträger und die Frage nach der Stabilität der Eigenkapitalstruktur der Sparkassen

Die Aufbringung von Dotationskapital durch die Gewährträger kann zu Lasten des laufenden Haushalts oder durch Aufnahme von Krediten erfolgen. In jedem Falle ist davon auszugehen, daß die Möglichkeiten der Gewährträger, andere kommunale Aufgaben zu erfüllen, eingeengt werden. Bei der Finanzierung des Dotationskapitals durch Aufnahme von Krediten wird der Verschuldungsspielraum zu Lasten anderer Finanzierungsmaßnahmen eingeengt, und der Schuldendienst, der sich an diese Kreditaufnahme anschließt, belastet angesichts der gegenwärtig geltenden Gewinnverwendungsregeln für Sparkassen den laufenden Haushalt. Auch wenn die im Jahr erforderlichen Beträge an aufzubringendem Dotationskapital verglichen mit der Höhe des Gesamthaushalts oder dem Verschuldungsvolumen der einzelnen Gemeinden resp. Gemeindeverbände im allgemeinen relativ bescheiden sind, muß doch bei angespannter Haushaltslage damit gerechnet werden, daß die Aufbringung des Dotationskapitals auf Schwierigkeiten stößt[16].

Diese Schwierigkeiten lassen sich jedoch vermindern, wenn nach einer Reform der Gewinnverwendungsvorschriften für Sparkassen, die aus dem Schuldendienst der Träger aus Anlaß der Aufbringung von Dotationskapital resultierende Belastung der laufenden Haushalte durch Gewinnausschüttungen seitens der Sparkassen abgebaut werden kann. In diesem Falle kann allerdings ein anderes Problem auftreten. Es zeigt sich nämlich, daß bei Gewinnausschüttungen durch die Sparkassen eine stabile Eigenkapitalstruktur dieser Institute nicht mehr unbedingt gewährleistet ist. Ergibt sich aber eine solche Instabilität der Eigenkapitalstruktur, dann sind damit Wettbewerbsnachteile für die betroffenen Sparkassen auf Dauer nicht zu vermeiden.

Die Bedingung für eine stabile Eigenkapitalstruktur läßt sich auf folgende Weise herleiten: Im Gleichgewicht bei Verwirklichung des gleichgewichtigen Geschäftsvolumenswachstums entspricht die Wachstumsrate des Eigenkapitals jener des Geschäftsvolumens; es gilt:

$$\bar{w} = \frac{dE}{E}$$

[16] Bei einer Wachstumsrate des Geschäftsvolumens von 13,3 %, einer Eigenkapitalquote von 3,3 % (4 %) und einem Verhältnis der Gewinne nach Steuern zum Geschäftsvolumen von 0,35 % würde sich der für alle Sparkassen im Jahre 1979 erforderliche Betrag an aufzubringendem Dotationskapital auf 270 Mill. DM (1 Mrd. DM) belaufen haben. Das Haushaltsvolumen aller Gemeinden und Gemeindeverbände betrug im Jahre 1979 rd. 125 Mrd. DM, das Verschuldungsvolumen rd. 90 Mrd. DM.

Der Zuwachs an Eigenkapital pro Periode (dE) ergibt sich aus dem Gewinn nach Steuern abzüglich dem Betrag an Gewinnausschüttungen und zuzüglich der Zuführung von Dotationskapital (dD). Ist der Gewinnausschüttungssatz r, der Ausschüttungsbetrag demnach rD, wobei D für den Betrag an Dotationskapital steht, dann ergibt sich der Zuwachs des Eigenkapitals einer Periode aus:

$$dE = G(1-t) - rD + dD$$

Bei stabiler Eigenkapitalstruktur muß nun gelten, daß das Dotationskapital mit der gleichen Rate wächst wie das Eigenkapital und damit wie das Geschäftsvolumen im Gleichgewicht. Berücksichtigt man dies, dann läßt sich unter Verwendung unserer Bestimmungsgleichung für den Zuwachs an Eigenkapital pro Periode das Verhältnis des Dotationskapitals zum Eigenkapital durch die Formel zum Ausdruck bringen:

$$\left(\frac{D}{E}\right) = \frac{\bar{w} - \frac{g\,(1-t)}{e}}{\bar{w} - r}$$

wobei g wieder für das Gewinn-Geschäftsvolumensverhältnis und e für die Eigenkapitalquote steht.

Von einer eigenkapitalstrukturstabilen Lösung ist dann zu sprechen, wenn das Verhältnis des Dotationskapitals zum Eigenkapital ($\frac{D}{E}$) Werte zwischen 0 und 1 annimmt. Diese Bedingung ist, sofern das gleichgewichtige Geschäftsvolumenswachstum über der Eigenkapitalrendite liegt, erfüllt, wenn die Eigenkapitalrendite nach Steuern größer ist als der Gewinnausschüttungssatz auf das Dotationskapital, wenn also insbesondere:

$$\frac{g\,(1-t)}{e} > r$$

Ist diese Bedingung hingegen nicht erfüllt, ist also der Gewinnausschüttungssatz r größer als die Eigenkapitalrendite (Gewinn nach Steuern) der Sparkassen, so ist die Eigenkapitalstruktur der Sparkassen instabil[17]. Eine instabile Lösung bedeutet, daß aus einer Nettozuführungsquote zu Beginn mit zunehmendem Dotationskapitalbetrag infolge steigender Gewinnausschüttungsbeträge eine Nettoausschüttungsquote wird, die im Laufe der Zeit zunimmt und die Eigenkapitalbildung auf dem Wege über eine Thesaurierung von Gewinnen immer stärker zurückdrängt. Schließlich muß der bei den Sparkassen vorhandene Betrag an Rücklagen im Laufe der Zeit zur Finanzierung der Gewinnausschüttungen aufgelöst werden. Spätestens mit der vollstän-

[17] Die Änderung der steuerlichen Bestimmungen durch das Subventionsabbaugesetz hat die Gefahr der Instabilität somit verstärkt.

digen Auflösung der Rücklagen ist bei der praktizierten Dotationskapitalzuführung und der gegebenen Verpflichtung zur Bedienung des Dotationskapitals die Aufrechterhaltung des gleichgewichtigen Eigenkapitalwachstums nicht mehr möglich. Erfolgt in diesem Falle keine Korrektur der Konditionen, unter denen die Sparkassen Dotationskapital von den Gewährträgern zur Verfügung gestellt erhalten, sehen sich diese Institute zu einer Geschäftspolitik gezwungen, die darauf abzielt, die Eigenkapitalrendite zu erhöhen, um die Gleichheit des Eigenkapitalwachstums mit dem Geschäftsvolumenswachstum herzustellen. Eine solche Geschäftspolitik ist aber auf Dauer mit Wachstumsverlusten verbunden und deshalb wettbewerbspolitisch relevant.

Die Frage ist nun, ob der Möglichkeit einer Instabilität der Eigenkapitalstruktur praktische Bedeutung zukommt. Die Antwort auf diese Frage hängt bei gegebenem Gewinn-Geschäftsvolumensverhältnis entscheidend von der Höhe der geforderten Eigenkapitalquote und von der Höhe des Gewinnausschüttungssatzes ab.

In bezug auf die Höhe des Gewinnausschüttungssatzes sind begründete Annahmen nur sehr schwer möglich, weil sich dieser Satz nicht auf Wettbewerbsmärkten bildet, sondern das Ergebnis bilateraler Verhandlungen zwischen den einzelnen Gewährträgern und den einzelnen Sparkassen sein wird, die ihrerseits durch theoretisch nicht erfaßbare Unwägbarkeiten beinflußt sein können. Unter den möglichen Verhandlungsergebnissen kommt allerdings einem Ergebnis eine hervorragende Bedeutung zu. Man kann nämlich davon ausgehen, daß den Gewährträgern im Zusammenhang mit der Bereitstellung von Dotationskapital besonders daran gelegen ist, keine Nettoausgabenbelastungen ihrer laufenden Haushalte hinnehmen zu müssen, und daß sie in vielen Fällen nur bereit ober in der Lage sind, Dotationskapital zur Verfügung zu stellen, solange diese Bedingung erfüllt ist. Diese Bedingung wird erfüllt, wenn die Aufbringung des Dotationskapitals im Wege der Kreditfinanzierung möglich ist und wenn der sich an die Kreditaufnahme anschließende Schuldendienst durch Gewinnausschüttungen seitens der Sparkassen finanziert werden kann. Unter diesen Bedingungen müßte der Gewinnausschüttungssatz dem Zins- und Tilgungssatz auf die für die Zwecke der Dotationskapitalbereitstellung aufgenommenen Kredite gleich sein. Der Kreditzinssatz müßte dabei, um der Forderung der Bankenaufsicht zu genügen, den Marktgegebenheiten entsprechen.

Auf der Grundlage dieses Satzes läßt sich das Kriterium für die Stabilität der Eigenkapitalstruktur mit Leben erfüllen. Ist i der Marktzinssatz für langfristige Kredite und verzichtet man auf die Berücksichtigung von Tilgungen, dann lautet das in diesem Falle relevante Kriterium für Eigenkapitalstrukturstabilität:

$$\frac{g\,(1-t)}{e} > it$$

Geht man von den gegenwärtig geltenden steuerlichen Regelungen aus und unterstellt man eine Verzinsung der Kredite, die die Gewährträger zur Finanzierung des Dotationskapitals aufgenommen haben, mit einem Zinssatz von 10 %, dann ist, sofern man von einem Verhältnis der Gewinne nach Steuern zum Geschäftsvolumen von 0,28 % ausgeht, die Stabilität der Eigenkapitalstruktur gewährleistet, wenn die zulässige Eigenkapitalquote, d. h. das Verhältnis des ausgewiesenen Eigenkapitals zum Geschäftsvolumen, unter dem Satz von 4,6 % bleibt. Jede Eigenkapitalquote, die unter diesen Bedingungen über diesem Satz liegt, wäre mit Stabilität der Eigenkapitalstruktur der Sparkassen nicht vereinbar. Beträgt der Kreditzins 11 %, so reduziert sich die ‚kritische Eigenkapitalquote‘ auf 4,1 % und im Falle eines Kreditzinssatzes von 12 % auf 3,8 %.

Bei relativ ertragsschwachen Kreditinstituten, die z. B. nur ein Gewinn-Geschäftsvolumensverhältnis von 0,2 % p. a. zu erreichen in der Lage sind, würde sich im Falle eines Kreditzinssatzes von 10 % die kritische Eigenkapitalquote auf 3,3 % stellen, stabile Eigenkapitalstrukturverhältnisse wären also in diesem Falle nur möglich, wenn Eigenkapitalquoten unter 3,3 % zugelassen wären.

Diese Überlegungen machen deutlich, daß schon unter den bestehenden Bedingungen nicht in jedem Falle mit einer Stabilität der Eigenkapitalstruktur bei Verwirklichung der Dotationskapitallösung gerechnet werden könnte und daß eine Verschärfung der Anforderungen an die Eigenkapitalausstattung der Kreditinstitute die Zahl der Sparkassen, bei denen die Stabilität der Eigenkapitalstruktur nicht gewährleistet wäre und die deshalb auf Dauer ihr natürliches Leistungs- und Wachstumspotential nicht auszuschöpfen in der Lage wären, vermutlich schnell ansteigen ließe.

Natürlich würde jede Forderung der Gewährträger an die Sparkassen auf Gewinnausschüttung, die auf eine Nettoeinnahme für die laufenden Haushalte hinausliefe, die Implementation einer wettbewerbsneutralen Dotationskapitallösung zusätzlich erschweren. Das Problem der Stabilität der Eigenkapitalstruktur würde schon dadurch erheblich verschärft, wenn die Gewährträger von den Sparkassen die Zahlung einer ‚Risikoprämie‘ fordern würden für den Fall, daß der Gewinnausschüttungssatz nicht als ein fester Zinssatz auf das Dotationskapital vereinbart werden kann, sondern im Interesse der Sparkasse und um dem Gebot der Bankenaufsicht Rechnung zu tragen, von dem wirtschaftlichen Ergebnis der Sparkassen in den jeweiligen Jahren abhängig gehalten werden muß. Die kritische Eigenkapitalquote, jene Quote, bei der die Stabilität der Eigenkapitalstruktur gerade noch gewährleistet ist, würde dadurch noch unter die genannten Werte absinken. Es wird also deutlich, daß die Dotationskapitallösung nicht unbedingt geeignet ist, wettbewerbsneutrale Verhältnisse im Kreditgewerbe zu schaffen.

3. Wettbewerbspolitische Beurteilung einer Anerkennung nachrangigen Haftkapitals als haftendes Eigenkapital

a) Wettbewerbspolitische Beurteilung einer Anerkennung nachrangigen Haftkapitals durch die Bankenstrukturkommission

Die Bankenstrukturkommission hat in ihrem Bericht auch zu der Frage einer Anerkennung nachrangigen Haftkapitals als haftendes Eigenkapital Stellung genommen und ist dabei mehrheitlich zu dem Schluß gelangt, eine solche Anerkennung sei abzulehnen. Diese Ablehnung wird einerseits damit begründet, nachrangige Verbindlichkeiten entsprächen nicht den Anforderungen, die an haftendes Eigenkapital zu stellen seien; zum anderen wird betont, „nachrangige Verbindlichkeiten könnten auch nicht so ausgestaltet werden, daß sie *wettbewerbsneutral* wirken und von allen Gruppen des Kreditgewerbes gleichermaßen verwandt werden können"[18].

Solche Verbindlichkeiten können, nach Ansicht der Kommission, erst in Anspruch genommen werden, wenn Kapital und Rücklagen aufgezehrt sind. Da bei Sparkassen jedoch die Gewährträger aus der Anstaltslast verpflichtet sind, das Institut funktionsfähig zu erhalten und bankenaufsichtlich erhebliche Verluste auszugleichen, kann der Haftungsfall für die nachrangigen Gläubiger überhaupt nicht auftreten. „Damit wäre bei öffentlich-rechtlichen Sparkassen die Hingabe von Geldern als nachrangige Verbindlichkeiten risikolos, weil die nachrangigen Gläubiger ... nicht zu fürchten brauchten, jemals tatsächlich in Anspruch genommen zu werden[19]." „Die Anerkennung nachrangiger Verbindlichkeiten als haftendes Eigenkapital würde folglich zu einer erheblichen wettbewerbsmäßigen Ungleichheit zu Lasten der privaten Banken führen, weil bei ihnen für nachrangige Gläubiger der Verlust ihrer Gelder nicht ausgeschlossen ist. Die privaten Banken müßten die Anlage von Geld in Form nachrangiger Verbindlichkeiten durch eine höhere Verzinsung, welche die echte Risikoübernahme ausgleicht, reizvoll machen[20]."

---

[18] Bericht der Bankenstrukturkommission, Ziffer 1186, S. 373.

[19] Ebenda, Ziffer 1188, S. 374.

[20] Ebenda, Ziffer 1189, S. 374.

Diese Argumentation wird seitens der Bankenstrukturkommission noch ergänzt durch den Hinweis auf die unterschiedliche Reichweite der Einlagensicherungssysteme, die eine „ähnliche Ungleichheit in der Risikoübernahme durch die nachrangigen Gläubiger" zur Folge habe[21].

Unterschiede in der Verzinsung nachrangiger Verbindlichkeiten bei den Sparkassen einerseits und den privaten Kreditinstituten andererseits als Folge unterschiedlicher Risikobelastungen werden von der Bankenstrukturkommission also als Ursache ‚erheblicher wettbewerbsmäßiger Ungleichheiten' zugunsten der Sparkassen angesehen und bilden das wettbewerbspolitische Argument für die Ablehnung einer Anerkennung nachrangigen Haftkapitals als haftendes Eigenkapital.

Mit der gleichen Begründung lehnt die Mehrheit der Bankenstrukturkommission eine Anerkennung von Genußscheinkapital als haftendes Eigenkapital ab. Das Genußscheinkapital entspreche in seinen wesentlichen Merkmalen den nachrangigen Verbindlichkeiten und könne deshalb mit gleichen Argumenten wie diese nicht zur Eigenkapitalergänzung empfohlen werden. ‚Auch das Genußscheinkapital würde bei öffentlich-rechtlichen Sparkassen wegen der Anstaltslast praktisch nicht haften, so daß sich insoweit die gleichen Wettbewerbsprobleme stellen wie bei den nachrangigen Verbindlichkeiten'[22].

Wenn diese Aussage der Bankenstrukturkommission zutrifft, lassen sich die im folgenden vorgetragenen Überlegungen bezüglich der wettbewerbspolitischen Implikationen des nachrangigen Haftkapitals uneingeschränkt auch auf das Genußscheinkapital anwenden.

b) Die wettbewerbspolitische Beurteilung nachrangigen Haftkapitals als haftendes Eigenkapital unter den veränderten wettbewerbspolitischen Rahmenbedingungen der Gegenwart

Die Argumentation der Bankenstrukturkommission basiert auf zwei aus unterschiedlichen Gründen inakzeptablen Prämissen. Die eine Prämisse bezieht sich auf die gegenwärtig bestehenden Wettbewerbsverhältnisse im deutschen Kreditgewerbe. Die Bankenstrukturkommission geht nämlich implizit auch bei der wettbewerbspolitischen Beurteilung nachrangigen Haftkapitals davon aus, die Sparkassen wiesen Wettbewerbsvorteile auf respektive seien jedenfalls nicht mit Wettbewerbsnachteilen belastet. Wir haben diese Prämisse an anderer Stelle kritisiert und dargetan, daß es gute Gründe für die Vermutung von Wettbewerbsnachteilen auf Seiten der Sparkassen als Folge von Eigenkapitalrestriktionen gibt.

---

[21] Bericht der Bankenstrukturkommission, Ziffer 1190, S. 374 f.

[22] Ebenda, Ziffer 1194, S. 377.

Die andere Prämisse ist in der Behauptung enthalten, nachrangige Verbindlichkeiten könnten nicht so ausgestaltet werden, daß sie wettbewerbsneutral wirken würden. Nachrangiges Haftkapital sei bei öffentlich-rechtlichen Sparkassen stets der Verlustgefahr entzogen und werde deshalb den Sparkassen zu anderen Bedingungen zur Verfügung gestellt als den privaten Kreditinstituten.

Wir behalten bei der wettbewerbspolitischen Beurteilung nachrangigen Haftkapitals zunächst die letztgenannte Prämisse bei und gehen zuerst der Frage nach, wie nachrangige Verbindlichkeiten, die bei öffentlich-rechtlichen Sparkassen risikolos hingegeben werden, unter ‚veränderten wettbewerbspolitischen Rahmenbedingungen' einzuschätzen sind. Damit behandeln wir faktisch den Fall nachrangigen Haftkapitals für Sparkassen, wie er im Referentenentwurf eines Dritten Gesetzes zur Änderung des Gesetzes über das Kreditwesen der Bundesregierung vom Frühjahr 1982 vorgesehen ist.

aa) Wettbewerbspolitische Beurteilung nachrangigen Haftkapitals, wenn nachrangige Verbindlichkeiten risikolos gegeben werden

Die Untersuchung der wettbewerbspolitischen Implikationen einer Anerkennung nachrangigen Haftkapitals als haftendes Eigenkapital kann, sofern die nachrangigen Verbindlichkeiten risikolos gegeben werden, unmittelbar an die Analyse der Wettbewerbswirkungen einer Anerkennung von Haftungszuschlägen anknüpfen. Der Grund dafür ist, daß Haftungszuschläge und nachrangiges Haftkapital unter diesen Bedingungen als Substitute angesehen werden können.

Auch im Falle einer Anerkennung nachrangiger Verbindlichkeiten als haftendes Eigenkapital verändert sich, sofern solche Verbindlichkeiten risikolos gegeben werden, weder der Umfang der Haftung, auf den sich die Sparkassen stützen können, noch das den Sparkassen unmittelbar verfügbare Verlustausgleichspotential. Man kann auch davon ausgehen, daß sich bei einer Anerkennung nachrangigen Haftkapitals im Falle der Aufnahme nachrangiger Verbindlichkeiten eine mögliche Veränderung der Gewinnverhältnisse nicht von jener im Falle der Anerkennung von Haftungszuschlägen unterscheidet. Da eine ‚echte' Risikoübernahme durch die nachrangigen Gläubiger nicht erfolgt, besteht auch kein Grund zu der Annahme, daß sich die Zinskonditionen nachrangiger Verbindlichkeiten von den Konditionen vergleichbarer langfristiger Einlagen unterschieden müßten. Unter diesen Bedingungen können nachrangige Verbindlichkeiten und Haftungszuschläge bei den Sparkassen tatsächlich als sehr enge Substitute angesehen werden.

Die unmittelbare Konsequenz aus dieser Feststellung ist, daß eine Anerkennung nachrangigen Haftkapitals als haftendes Eigenkapital für jene Sparkassen, bei denen die geschäftsbegrenzende Wirkung des Grundsatzes I in Verbindung mit § 10 Abs. 2 KWG in der gegenwärtigen Fassung nicht zur Geltung kommt, wettbewerbspolitisch völlig irrelevant ist. Bestehen bei diesen Sparkassen Wettbewerbsnachteile aufgrund von Eigenkapitalrestriktionen, so bleiben diese Nachteile auch im Falle der Anerkennung nachrangigen Haftkapitals in vollem Umfange erhalten.

Wettbewerbspolitisch relevant ist die Anerkennung nachrangigen Haftkapitals grundsätzlich nur für jene Sparkassen, die in ihrer Geschäftspolitik durch die geschäftsbegrenzende Wirkung des Grundsatzes I beeinflußt werden. Die Anerkennung nachrangigen Haftkapitals als haftendes Eigenkapital erweitert den geschäftspolitischen Spielraum für diese Sparkassen in einer Lage, die durch eine Eigenkapitalrestriktion gekennzeichnet ist, indem sie eine Lockerung der Geschäftsbegrenzungen bankenaufsichtlicher Regelungen herbeiführt. Die damit verbundenen wettbewerbspolitischen Wirkungen entsprechen jenen, die sich im Falle einer Anerkennung von Haftungszuschlägen ergeben. Da sich bei einer Anerkennung von nachrangigem Haftkapital weder eine Änderung der optimalen Eigenkapitalquote noch der für das unmittelbar verfügbare Verlustausgleichspotential relevanten tatsächlichen Eigenkapitalquote ergibt, beschränkt sich die Wirkung der Anerkennung von nachrangigem Haftkapital bei Existenz einer Eigenkapitalrestriktion wie im Falle der Anerkennung von Haftungszuschlägen auf den Abbau solcher Wettbewerbsnachteile, die mit der Geschäftsbegrenzung bankenaufsichtlicher Regelungen in Zusammenhang stehen. Hingegen werden die aus der Eigenkapitalrestriktion unmittelbar folgenden Wettbewerbsnachteile auch durch eine Anerkennung nachrangigen Haftkapitals, das risikolos gegeben wird, nicht beseitigt.

Wettbewerbsvorteile können sich, wie im Falle der Anerkennung von Haftungszuschlägen, für die Sparkassen aus der Anerkennung von nachrangigem Haftkapital nur dann ergeben, wenn eine Eigenkapitalrestriktion nicht existiert oder doch zu vernachlässigen ist, bei den Instituten aber die geschäftsbegrenzende Wirkung des Grundsatzes I zur Geltung kommt. Dies ist dann der Fall, wenn die optimale Eigenkapitalquote unter der — bei gegebener Aktivastruktur — von der Bankenaufsicht noch zugelassenen minimalen Eigenkapitalquote liegt. Die mit der Anerkennung von nachrangigem Haftkapital verbundene Lockerung der Geschäftsbegrenzungen des Grundsatzes I führt unter diesen Bedingungen zu einer Erweiterung des Wachstumspotentials, die zum Ausgleich von Wettbewerbsnachteilen nicht oder nicht in vollem Umfange erforderlich ist. Ein beachtenswerter Wettbewerbsvorteil ergibt sich für die Sparkassen in diesem Falle aber nur dann, wenn den privaten Kreditinstituten in gleicher Lage eine Anerkennung von nachrangigem

Haftkapital verweigert wird und natürlich nur insoweit, als nicht schon durch die Anerkennung ‚freien Vermögens' oder von ‚Haftsummenzuschlägen' die geschäftsbegrenzende Wirkung des Grundsatzes I bei privaten und genossenschaftlichen Kreditinstituten ohnedies erst später zur Geltung kommt.

In bezug auf die Ausgestaltung der nachrangigen Haftkapitallösung bietet sich an, sich an der vorgeschlagenen Regelung für die Haftzuschlagslösung zu orientieren. Dieser Lösung zufolge ist es zweckmäßig, einen maximalen prozentualen Aufschlag auf das ausgewiesene Eigenkapital festzulegen, bis zu dem nachrangige Verbindlichkeiten als haftendes Eigenkapital anerkannt werden können. Die Höhe dieses Aufschlags würde dabei von den gleichen theoretischen und praktischen Erwägungen bestimmt wie bei der Haftzuschlagslösung. Die Aufschlagssätze müßten übereinstimmen, wenn nachrangige Verbindlichkeiten und Haftungszuschläge als vollkommene Substitute in bezug auf ihre Bedeutung als haftendes Eigenkapital angesehen werden könnten. Die Anerkennung nachrangigen Haftkapitals wäre unter diesen Bedingungen eine vollwertige Alternative zur Anerkennung von Haftungszuschlägen.

bb) Wettbewerbspolitische Implikationen einer Anerkennung nachrangigen Haftkapitals als haftendes Eigenkapital bei privaten Kreditinstituten

Die bislang vorgetragenen Überlegungen über wettbewerbspolitische Implikationen nachrangiger Verbindlichkeiten geben kein vollständiges Bild der wettbewerbspolitischen Auswirkungen einer Anerkennung von nachrangigen Verbindlichkeiten, sofern solche Verbindlichkeiten auch bei privaten Kreditinstituten als haftendes Eigenkapital anerkannt werden. Davon aber ist auszugehen, wenn nachrangiges Haftkapital als haftendes Eigenkapital bei der Reform des KWG überhaupt Berücksichtigung findet.

Bei den privaten Kreditinstituten übernimmt nachrangiges Haftkapital eine echte Verlustausgleichsfunktion. Diese Funktion kommt nach dem Konzept der Bankenstrukturkommission im Konkursfalle zur Geltung und zwar dann, wenn das haftende Eigenkapital im traditionellen Sinne durch Verluste aufgezehrt ist und eine vollständige Befriedigung der sonstigen Gläubiger nicht gelingt[23]. Die Risikoübernahme durch die nachrangigen Gläubiger muß durch die Kreditinstitute honoriert werden. Nachrangige Verbindlichkeiten werden aus diesem Grunde höher verzinst werden müssen als ähnliche Verbindlichkeiten, die einer Verlustgefahr nicht ausgesetzt sind.

[23] Bericht der Bankenstrukturkommission, Ziffer 1187, S. 373 f.

Für die privaten Kreditinstitute gewinnt die Möglichkeit, nachrangiges Haftkapital als haftendes Eigenkapital einsetzen zu können, potentiell Bedeutung aus zwei Gründen.

Der erste Grund ergibt sich aus dem Umstand, daß durch die Einführung nachrangigen Haftkapitals eine Verstärkung der Haftungsbasis bei den Kreditinstituten erfolgt, die ihren Ausdruck in einer Senkung der optimalen Eigenkapitalquote als dem Verhältnis des Eigenkapitals im eigentlichen Sinne (also ohne nachrangiges Haftkapital) zum Geschäftsvolumen finden kann. Ob es zu einer solchen Senkung kommt und wie groß diese ausfällt, hängt ab von den Kostensätzen des nachrangigen Haftkapitals, ausgedrückt durch das Verhältnis der Zinsbeträge auf nachrangige Verbindlichkeiten zum Marktwert des nachrangigen Haftkapitals, den Kostensätzen des Eigenkapitals, ausgedrückt durch das Verhältnis der Gewinne nach Steuern zum Marktwert des Eigenkapitals, und von allen Faktoren, die das Substitutionsverhältnis von Eigenkapital und nachrangigem Haftkapital bei privaten Kreditinstituten beeinflussen. Dazu gehört in der Sicht der Bankenstrukturkommission z. B., daß nachrangiges Haftkapital keinen Beitrag zum Ausgleich laufender Verluste leistet. Von Bedeutung ist auch, wenn das nachrangige Haftkapital mit fest vereinbarten Zinsbeträgen pro Kapitaleinheit bedient werden muß.

Nachrangiges Haftkapital ist kein vollkommenes Substitut zum Eigenkapital im eigentlichen Sinne. Man geht kaum fehl in der Annahme, daß die optimale Eigenkapitalquote bei Einführung von nachrangigem Haftkapital im allgemeinen zwar sinken, die Quote des Haftkapitals (unter Einschluß nachrangigen Haftkapitals) zum Geschäftsvolumen aber ansteigen wird. Insoweit eine Senkung der optimalen Eigenkapitalquote eintritt, bedeutet dies eine Zunahme des Wachstumspotentials der betreffenden Institute. Ob sich damit auch ein wettbewerbspolitisch relevanter Wachstumseffekt für die privaten Kreditinstitute einstellt, hängt nicht nur von dem Ausmaß der Erhöhung des Potentials ab, sondern auch von der Verminderung des Gewinn-Geschäftsvolumensverhältnisses als Folge einer Zunahme der Zinsbelastung aufgrund höherer Zinssätze auf nachrangiges Haftkapital. Wenn sich ein solcher Wachstumseffekt einstellt, wird er, weil für die Institute vorteilhaft, genutzt. In diesen Fällen ergibt sich für die privaten Kreditinstitute ein Wettbewerbsvorteil gegenüber den Sparkassen, bei denen nachrangiges Haftkapital, das risikolos gegeben wird, einen solchen Effekt nicht hat. Dies ist ein wettbewerbspolitischer Aspekt, der bei der Bankenstrukturkommission keinerlei Beachtung findet und der auch in der Diskussion sonst kaum Erwähnung erfahren hat.

Der zweite Grund dafür, daß die Einführung nachrangigen Haftkapitals als haftendes Eigenkapital bei privaten Kreditinstituten von Bedeutung sein kann, steht im Zusammenhang mit der Anerkennung nachrangiger Verbindlichkeiten als haftendes Eigenkapital im Sinne des § 10 Abs. 2 KWG. Durch eine solche Anerkennung gewinnt nachrangiges Haftkapital für jene privaten Kreditinstitute Bedeutung, die in ihrer Geschäftspolitik durch die geschäftsbegrenzenden Wirkungen bankenaufsichtlicher Regelungen beeinflußt werden. Die Einführung nachrangiger Verbindlichkeiten bewirkt eine Lockerung der geschäftsbegrenzenden Wirkung der bankenaufsichtlichen Regelung des Grundsatzes I. Diese Lockerung tritt dann ein, wenn die optimale Eigenkapitalquote unter jener minimalen Eigenkapitalquote liegt, die dem 18fachen der risikogewogenen Kredite und Beteiligungen zum Eigenkapital (ohne nachrangiges Haftkapital) entspricht. Die Aufnahme nachrangigen Haftkapitals erlaubt es den Instituten, ihre Eigenkapitalquote absinken zu lassen und sich damit dem geschäftspolitischen Optimum anzupassen.

Diesem Vorteil ist der entsprechende Vorteil der Sparkassen aus einer Anerkennung nachrangigen Haftkapitals gegenüberzustellen. Bei einem Vergleich ist zu berücksichtigen, daß ein Vorteil bei den Sparkassen nur insofern in diesem Zusammenhange beachtlich ist, als sich die Wirkung der Anerkennung von nachrangigem Haftkapital nicht in dem Ausgleich für bestehende Wettbewerbsnachteile aufgrund von Eigenkapitalrestriktionen erschöpft. Auf der anderen Seite — und dies ist das Argument der Bankenstrukturkommission, das sie zur Ablehnung nachrangigen Haftkapitals als haftendes Eigenkapital aus wettbewerbspolitischen Erwägungen heraus veranlaßte — ist davon auszugehen, daß die privaten Kreditinstitute das nachrangige Haftkapital höher verzinsen müssen als die Sparkassen, woraus sich ein Wettbewerbsvorteil für die Sparkassen ergeben kann. Es läßt sich zeigen, daß dieser eventuelle Wettbewerbsvorteil, den die Bankenstrukturkommission ausschließlich in Betracht zieht, für sich genommen im Regelfall und unter normalen Bedingungen von einer zu vernachlässigenden Größenordnung ist.

Eine Abschätzung dieser Größenordnung des ‚Zinseffekts' läßt sich auf folgende Weise vornehmen. Wir betrachten ein Kreditinstitut, dessen optimale Eigenkapitalquote unter jener von der Bankenaufsicht im Minimum zugelassenen Eigenkapitalquote liegt und bei dem deshalb die geschäftsbegrenzende Wirkung des Grundsatzes I zur Geltung kommt. Die Einführung und Anerkennung von nachrangigem Haftkapital beeinflusse, so sei vereinfachend angenommen, die optimale Eigenkapitalquote, i. e. das optimale Verhältnis des Eigenkapitals im eigentlichen Sinne zum Geschäftsvolumen, nicht. Die Anerkennung nachrangigen Haftkapitals als haftendes Eigenkapital ermöglicht es dem Kreditinstitut, seine Eigenkapitalquote absinken zu lassen und die optimale Eigenkapitalquote zu realisieren. Das Institut ist dann allerdings gezwungen, nachrangiges Haftkapital aufzunehmen, um den Anforderungen des Grundsatzes I Genüge zu tun. Nehmen wir an, das Kreditinstitut beschaffe sich nachrangiges Haftkapital in einem solchen Umfange, daß das Verhältnis des Haftkapitals, also des Eigenkapitals im eigentlichen Sinne zuzüglich des nachrangigen Haftkapitals, zum Geschäftsvolumen dem von der Bankenaufsicht nach Anerkennung nachrangigen Haftkapitals mindestens geforderten entspricht. Das nachrangige Haftkapital ist mit einer Rate zu verzinsen, die in der Regel über jener vergleichbarer Verbindlichkeiten der Kreditinstitute liegt, die jedoch kein Risiko tragen. Der zusätzliche Zinsbetrag geht zu Lasten der Gewinne und vermindert damit die Möglichkeiten der Eigenkapitalbildung aus Gewinnen. Die Frage ist nun, welche Auswirkungen sich bei einer Anerkennung nachrangigen Haftkapitals als haftendes Eigenkapital auf die Wachstumsrate des Eigenkapitals insgesamt ergeben, wenn unterschiedliche Zinssätze für nachrangiges Haftkapital unterstellt werden.

Formal ergibt sich das Eigenkapitalwachstum vor Anerkennung nachrangigen Haftkapitals aus:

$$w_0 = \frac{g\,(1-t) + (z-a)}{e_0}$$

wobei e_0 in unserem Modell die im Minimum zugelassene Eigenkapitalquote vor Anerkennung nachrangigen Haftkapitals ist.

Nach Anerkennung nachrangigen Haftkapitals realisiert das Kreditinstitut seine optimale Eigenkapitalquote e_1 ($e_1 < e_0$) und muß bezogen auf das Geschäftsvolumen einen Betrag nachrangigen Haftkapitals in Höhe von ($e_0 - e_1$) aufnehmen, um der bankenaufsichtlichen Forderung nach Einhaltung des Grundsatzes I Genüge zu tun. Dieser Betrag erfordert eine zusätzliche Verzinsung in Höhe der Zinsdifferenz ($i - i^+$), wobei i der Zinssatz für nachrangiges Haftkapital, i^+ jener für vergleichbare Verbindlichkeiten ist, die kein Risiko tragen. Da dieser zusätzliche Zinsbetrag die Gewinne mindert, ergibt sich für das Kreditinstitut eine steuerliche Entlastung in Höhe von ($1 - t$) auf diesen Betrag. Formal läßt sich die Wachstumsrate des Eigenkapitals nach Anerkennung nachrangigen Haftkapitals wie folgt zum Ausdruck bringen:

$$w_1 = \frac{w_0\,e_0}{e_1} - \frac{(e_0 - e_1)\,(i - i^+)\,(1 - t)}{e_1}$$

Der erste Term auf der rechten Seite der Gleichung ergibt die Wachstumsrate des Eigenkapitals, wenn das nachrangige Haftkapital mit keinem höheren Zinssatz verzinst werden muß als vergleichbare Einlagen, die jedoch kein Risiko tragen. Dies wäre der — im hypothetischen Vergleich — relevante Fall für eine Sparkasse, wobei allerdings die mögliche Wirkung einer Eigenkapitalrestriktion unberücksichtigt gelassen wird. Der zweite Term bringt ‚Abzüge‘ aufgrund der höheren Zinszahlungen des privaten Kreditinstituts zum Ausdruck. Die Frage ist, mit welchen Zinssatzdifferenzen ($i - i^{+}$) zu rechnen ist. Ein Hinweis auf die relevante Größenordnung ergibt sich aus dem Vergleich der Eigenkapitalrenditen der Aktienbanken nach Steuern mit der Effektivverzinsung festverzinslicher Wertpapiere mit den erforderlichen Restlaufzeiten. Bildet man die langjährigen Jahresdurchschnitte sowohl für die Eigenkapitalrenditen als auch für die Effektivverzinsung festverzinslicher Wertpapiere, so ergibt sich eine Differenz in der Größenordnung von 1 bis 2 Prozentpunkten.

Unterstellen wir nun eine Wachstumsrate des Eigenkapitals in Höhe von 12 % vor Anerkennung nachrangigen Haftkapitals bei einer Eigenkapitalquote (e_0) von 4 % und einer optimalen Eigenkapitalquote von 3,2 %, so nimmt die Wachstumsrate des Eigenkapitals für den Fall, daß eine zusätzliche Zinsbelastung nicht auftritt, bei Anerkennung nachrangigen Haftkapitals und Verwirklichung der optimalen Eigenkapitalquote auf ceteris paribus 15 % zu.

Beträgt die Zinssatzdifferenz 1 Prozentpunkt, so sinkt die Wachstumsrate des Eigenkapitals, wenn wir einen Steuersatz von $t = 0{,}5$ zugrundelegen, auf 14,875 % und bei einer Zinssatzdifferenz von 2 Prozentpunkten auf 14,75 %. Erst bei einer Zinssatzdifferenz von 4 Prozentpunkten, einer Differenz der Zinssätze von z. B. 14 % und 10 %, ergibt sich ein Abschlag auf die Wachstumsrate von 0,5 Prozentpunkten auf 14,5 %. Diese Größenordnungsverhältnisse bleiben erhalten, wenn wir andere Werte in bezug auf die optimale Eigenkapitalquote (e_1) zugrundelegen, da mit der Änderung dieser Eigenkapitalquote auch der aufzunehmende Betrag an nachrangigem Haftkapital entsprechend verändert wird.

Der ‚Zinseffekt‘, auf den sich die wettbewerbspolitische Argumentation der Bankenstrukturkommission im Zusammenhang mit dem nachrangigen Haftkapital ausschließlich stützt, ist angesichts der Bedeutung des Effekts einer Senkung der Eigenkapitalquote auf das Eigenkapitalwachstum in dem einzigen für die Argumentation der Bankenstrukturkommission relevanten Fall, wie sich an den Größenordnungen zeigt, weitgehend zu vernachläsigen. Dies beruht auf dem Umstand, daß die Zinsbelastung nur nach Maßgabe der Zinsdifferenz steigt und die Kreditinstitute außerdem auf den höheren Zinsbetrag eine steuerliche Entlastung erfahren.

cc) Wettbewerbspolitische Beurteilung nachrangigen Haftkapitals, wenn nachrangige Verbindlichkeiten Verlustausgleichsfunktion bei öffentlich-rechtlichen Sparkassen übernehmen

Die wettbewerbspolitischen Implikationen ändern sich, wenn man Lösungen in Betracht zieht, bei denen nachrangige Gläubiger auch bei Sparkassen Risiko übernehmen. Die Diskussion hat gezeigt, daß, anders als von der Bankenstrukturkommission unterstellt, rechtliche Gestaltungsmöglichkeiten des nachrangigen Haftkapitals gefunden werden können, bei denen dies der Fall ist. Nach den Vorstellungen von Prof. Gessler erscheint dabei allerdings nur eine Lösung möglich, bei der die Haftung der nachrangigen Gläubiger bei Sparkassen faktisch über den für die privaten Kreditinstitute im letzten Abschnitt angenommenen Umfang hinausgeht[24].

Zunächst stünde nichts im Wege, die Gewährträgerhaftung für die nachrangigen Verbindlichkeiten auszuschließen. Da die Gewährträgerhaftung auf Gesetz oder Satzung beruht, kann sie auch durch Gesetz oder Satzung in ihrem Umfang verändert werden. Eine solche Einschränkung der Gewährträgerhaftung wird die nachrangigen Gläubiger der öffentlich-rechtlichen Sparkassen aber mit jenen der privaten Kreditinstitute nicht gleichstellen. Die Einschränkung der Gewährträgerhaftung liefe zunächst auf eine Haftung der nachrangigen Gläubiger im Konkursfall wie bei den privaten Kreditinstituten hinaus. Das Problem entsteht jedoch dadurch, daß die Anstaltslast der Gewährträger der Gewährträgerhaftung insofern vorgelagert ist, als sie die Gewährträger verpflichtet, die Funktionsfähigkeit der öffentlich-rechtlichen Sparkassen zu gewährleisten. Dies bedeutet, daß der Konkursfall bei Sparkassen praktisch ausgeschlossen ist, der Haftungsfall für die nachrangigen Gläubiger also auch nach Einschränkung der Gewährträgerhaftung nicht auftreten kann[25].

Eine Risikoübernahme für nachrangige Gläubiger kommt unter diesen Bedingungen tatsächlich nur dann in Frage, wenn eine Lösung gefunden werden kann, aufgrund der das nachrangige Haftkapital nicht nur von der Gewährträgerhaftung, sondern auch von der Anstaltslast ausgeschlossen wird. Dies aber würde bedeuten, daß die nachrangigen Gläubiger bei Sparkassen, anders als in dem von der Bankenstrukturkommission für private Kreditinstitute unterstellten Fall, auch an der Abdeckung laufender Verluste der Sparkassen beteiligt würden; jedenfalls an der Abdeckung solcher Verluste, bei denen die Anstaltslast der Gewährträger gefordert ist. Prof. Gessler hält eine solche Lösung recht-

---

[24] Vgl. hierzu Ernst Gessler, Die zukünftige Bankengesetzgebung ..., S. 8 f.

[25] Vgl. Ernst Gessler, Die zukünftige Bankengesetzgebung ..., S. 8 f.

lich für möglich. Zu denken wäre nach seiner Ansicht an eine vertragliche Regelung, aufgrund der, sobald die Anstaltslast ein öffentlichrechtliches Kreditinstitut funktionsfähig erhalten muß, Sanierungsmaßnahmen erforderlich sind, wobei die nachrangigen Verbindlichkeiten an diesen entsprechend dem enstandenen Verlust oder einem sonstigen Maßstab, z. B. dem Verhältnis des Eigenkapitals zu den nachrangigen Verbindlichkeiten teilnehmen, d. h. ihre Gläubiger ganz oder teilweise auf ihre Ansprüche zu verzichten haben[26]. Der Charakter solcher nachrangiger Verbindlichkeiten würde durch eine Einschränkung der Anstaltslast und Gewährträgerhaftung allerdings grundlegend in Richtung auf sog. Risikoeinlagen verändert.

Dieser Feststellung ist voll zuzustimmen. An dem Unterschied hinsichtlich der wettbewerbspolitischen Implikationen, der sich im Vergleich zu dem Fall ergibt, in dem die nachrangigen Verbindlichkeiten risikolos gegeben werden, läßt sich dies deutlich ablesen. Während nachrangige Verbindlichkeiten, die Risiko nicht übernehmen, als enge Substitute zu Haftungszuschlägen angesehen werden können, die in ihrer Wirkung auf eine Lockerung der Geschäftsbegrenzungen bankenaufsichtlicher Regelungen beschränkt bleiben, ist nachrangiges Haftkapital, das die nachrangigen Gläubiger unter Umständen sogar am laufenden Verlust beteiligt, als mehr oder weniger enges Substitut zum Eigenkapital im eigentlichen Sinne, also dem Dotationskapital respektive den Rücklagen zu betrachten. Dies bedeutet, daß sich den Sparkassen mit der Einführung nachrangigen Haftkapitals, das Verlustausgleichsfunktion übernimmt, unter bestimmten Bedingungen die Möglichkeit eröffnet, die tatsächliche Eigenkapitalquote an die optimale Eigenkapitalquote — das Eigenkapital schließt in diesem Falle das nachrangige Haftkapital ein — heranzuführen und die Wachstumsrate des Eigenkapitals mit der gleichgewichtigen Wachstumsrate des Geschäftsvolumens unter gleichzeitiger Verwirklichung der optimalen Eigenkapitalquote in Übereinstimmung zu bringen. Dies ist dann möglich, wenn die Zuführung nachrangigen Haftkapitals, das Verlustausgleichsfunktion übernimmt, wie die Zuführung von Eigenkapital im eigentlichen Sinne Eigenkapitalrestriktionen der Sparkassen abzubauen erlaubt. Ein solcher Abbau von Eigenkapitalrestriktionen hat direkte Konsequenzen für die Wettbewerbsstellung der Sparkassen, denn mit der Verminderung dieser Restriktionen werden sowohl die unmittelbar mit dieser Eigenkapitalrestriktion zusammenhängenden Wettbewerbsnachteile der Sparkassen vermindert oder beseitigt, als auch jene mittelbaren Nachteile, die nur bei jenen Sparkassen vorhanden sind, die in ihrer Geschäftspolitik durch die geschäftsbegrenzende Wirkung bankenaufsichtlicher Regelungen maßgeblich beeinflußt werden, aufgelöst.

---

[26] Vgl. Ernst Gessler, Die zukünftige Bankengesetzgebung, S. 10.

Die Bedingungen, unter denen eine wettbewerbsneutrale Lösung für die Sparkassen auf der Grundlage nachrangigen Haftkapitals, das Verlustausgleichsfunktion übernimmt, tatsächlich möglich ist, sind im folgenden herauszuarbeiten. Den Ansatz der Betrachtung bildet dabei wiederum die Forderung, daß im Gleichgewicht der Entwicklung die Wachstumsrate des Eigenkapitals der gleichgewichtigen Wachstumsrate des Geschäftsvolumens gleich sein muß, unter Verwendung unserer Symbole also gelten muß:

$$\bar{w} = \frac{dE}{E}$$

In dem Falle, in dem neben dem Eigenkapital im eigentlichen Sinne auch nachrangiges Haftkapital als ‚Eigenkapital' auftritt, ergibt sich die Zunahme des haftenden Eigenkapitals einer Periode aus dem Gewinn der Sparkasse nach Steuern zuzüglich des Zuwachses nachrangigen Haftkapitals in dieser Periode. Ist N der Bestand an nachrangigem Haftkapital und dN der Zuwachs nachrangiger Verbindlichkeiten in der betreffenden Periode, dann gilt:

$$dE = G(1 - t) - N(i - i^{+})(1 - t) + dN$$

E umfaßt dabei das nachrangige Haftkapital. i^{+} steht für den Zinssatz für Verbindlichkeiten der Sparkassen, die gleiche Konditionen wie die nachrangigen Verbindlichkeiten aufweisen, jedoch im Unterschied zu nachrangigen Verbindlichkeiten kein Risiko tragen. i steht für den Zinssatz der nachrangigen Verbindlichkeiten. In Höhe der zusätzlichen Zinsbelastung $((i - i^{+})N)$ ist der Bruttogewinn der Sparkassen vor Steuern kleiner als im Falle nachrangigen Haftkapitals, das Haftungsfunktion nicht übernimmt. Bei der Finanzierung des haftenden Eigenkapitals über nachrangiges Haftkapital ergibt sich im Unterschied zum Dotationskapital insofern eine steuerliche Entlastung der Sparkassen.

Aus den beiden Gleichungen läßt sich nun unter Berücksichtigung der Forderung, daß eine stabile Eigenkapitalstruktur die Gleichheit des Wachstums der nachrangigen Verbindlichkeiten und des Eigenkapitals fordert, die nachrangige Haftkapitalquote, d. h. das Verhältnis des Bestandes an nachrangigem Haftkapitals zum gesamten haftenden Eigenkapital, ableiten. Dabei ergibt sich:

$$\frac{N}{E} = \frac{\bar{w} - \frac{g(1 - t)}{e}}{\bar{w} - (i - i^{+})(1 - t)}$$

Eine wettbewerbsneutrale Haftkapitallösung existiert nun nur dann, wenn der Anteil des nachrangigen Haftkapitals am haftenden Eigenkapital im Gleichgewicht zwischen dem Wert 0 und einem Wert f liegt, sofern der Anteil nachrangigen Haftkapitals, wie von der Minderheit der Bankenstrukturkommission in diesem Zusammenhange vorgeschlagen, auf einen bestimmten Prozentsatz des regulären haftenden Eigenkapitals begrenzt wird. Beträgt dieser Satz 50 %, so hat f den maximalen Wert 1/3. Die Bedingung für die Gewährleistung des gleichgewichtigen Wachstums läßt sich dann wie folgt konkretisieren:

$$\frac{g(1-t)}{e} > f(i-i^{+})(1-t) + \bar{w}(1-f)$$

Diese Bedingung ist bei Existenz einer Eigenkapitalrestriktion für realistische Werte der Zinsatzdifferenz (i—i^{+}) nicht unbedingt und wenn, nur für hinreichend große f-Werte zu erfüllen. Unterstellen wir eine Eigenkapitalrendite nach Steuern im Optimum in Höhe von 8 % pro Jahr (das nachrangige Haftkapital wird in diesem Falle dem Eigenkapital im eigentlichen Sinne zugerechnet), eine Zinsatzdifferenz von 2 %-Punkten, einen Steuersatz von 50 % und ein gleichgewichtiges Geschäftsvolumenswachstum von 12 %, so liegt der kritische Wert für f bei 0,364. Dies bedeutet, daß unter den genannten Bedingungen der maximale prozentuale Aufschlag auf das reguläre Eigenkapital den Satz von 57,1 % übersteigen muß, wenn ein gleichgewichtiges Geschäftsvolumenswachstum möglich sein soll. Bei einer schärferen Eigenkapitalrestriktion würde der kritische Aufschlagssatz noch höher zu veranschlagen sein.

Ein möglicher Grund für eine Verschärfung der Eigenkapitalrestriktion bei Sparkassen muß in diesem Zusammenhang besonders betont werden. Es handelt sich um eine denkbare Zunahme der Restriktion als Folge einer Anerkennung und Aufnahme nachrangigen Haftkapitals als haftendes Eigenkapital.

Wir gingen davon aus, daß das nachrangige Haftkapital, das Risiko auch bei Sparkassen übernimmt und sogar am laufenden Verlust beteiligt wird, als ein Substitut des Eigenkapitals im eigentlichen Sinne angesehen werden kann. Eine genauere Betrachtung macht aber deutlich, daß nachrangiges Haftkapital ein unter Umständen sehr unvollkommenes Substitut des Eigenkapitals ist. Zunächst ist vorweg zu berücksichtigen, daß die Einführung nachrangigen Haftkapitals in Verbindung mit einer Einschränkung der Haftung aus Anstaltslast und Gewährträgerhaftung keine Verbreiterung der Haftungsbasis für die Sparkassen bedeutet, vielmehr die Haftung der Gewährträger aus Anstaltslast und Gewährträgerhaftung teilweise durch die Haftung nachrangiger Gläubiger ersetzt wird. Des weiteren impliziert die Aufnahme nachrangigen Haftkapitals seitens der Sparkassen zwar eine Verstärkung des diesen Instituten unmittelbar zur Verfügung stehenden Verlustausgleichspotentials. Wenn jedoch die von Gessler vorgeschlagene Haftkapitallösung zum Zuge kommt, bei der die nachrangigen Gläubiger immer dann zum Ausgleich von Verlusten herangezogen werden, wenn auch die Gewährträger aus der Anstaltslast in Anspruch genommen werden, dann wird mit der Einführung nachrangiger Verbindlichkeiten die Wahrscheinlichkeit für eine Inanspruchnahme der Gewährträger aus Anstaltslast nicht reduziert. Es ist sogar denkbar, daß diese Wahrscheinlichkeit für eine Inanspruchnahme der Gewährträger noch zunimmt, wenn — wie im Regelfall anzunehmen — nachrangige Verbindlichkeiten mit festem Zinssatz bedient werden müssen[27]. Schließlich ist zu berücksichtigen, daß die quantitative Belastung der Gewährträger im Verlustfalle bei Existenz nachrangigen Haftkapitals zwar vermindert wird, mit der gleichzeitigen Inanspruchnahme nachrangiger Gläubiger hingegen für die Verluste eine breitere Öffentlichkeit hergestellt wird. Dies kann, anders als unter den gegenwärtigen Verhältnissen, zu einer Gefährdung der Stabilität von Kundenbeziehungen und damit zu Nachteilen für die Sparkassen führen.

Angesichts dieser Verhältnisse muß davon ausgegangen werden, daß nachrangiges Haftkapital, das Verlustausgleichsfunktion bei den Sparkassen übernimmt, ein tatsächlich ganz unvollkommenes Substitut des Eigenkapitals ist und deshalb nur ganz bedingt in der Lage ist, eine bestehende Eigenkapitalrestriktion abzubauen. Daraus ergeben sich Konsequenzen für die Höhe der optimalen Eigenkapitalquote nach Einführung nachrangiger Verbindlichkeiten. Nimmt, wie man annehmen muß, bei einer Einführung nachrangiger Verbindlichkeiten die optimale Eigenkapitalquote (unter Einschluß nachrangigen Haftkapitals) zu, dann kann dies bedeuten, daß eine wettbewerbsneutrale Haftkapitallösung überhaupt nicht existiert; mindestens aber impliziert dies, daß der kritische f-Wert höher angesetzt werden muß, um die Wettbewerbsnachteile der Sparkassen aus Eigenkapitalrestriktionen auszugleichen. Je höher das gleichgewichtige e bei Berücksichtigung nachrangigen Haftkapitals ist, um so höher muß der prozentuale Aufschlagssatz auf das reguläre Eigenkapital ausfallen.

Es ist zu beachten, daß die gekennzeichnete Haftkapitallösung unmittelbar nur Wettbewerbsnachteile auf Seiten der Sparkassen als Folge von Eigenkapitalrestriktionen ausgleicht, sofern andere Möglichkeiten der Eigenkapitalbeschaffung von außen nicht existieren. Einen Ausgleich für Vorteile, die eine gleichzeitige Anerkennung nachrangigen Haftkapitals als haftendes Eigenkapital bei privaten Kreditinstituten bewirkt, impliziert diese Lösung allerdings nicht. Dieser Umstand

---

[27] Vgl. hierzu Bericht der Bankenstrukturkommission, Ziffer 1184, S. 373.

ist besonders dann relevant, wenn sich für private Kreditinstitute aufgrund der Anerkennung nachrangiger Verbindlichkeiten eine Lockerung bankenaufsichtlich bedingter Geschäftsbegrenzungen ergibt, die sie instand setzt, ihre optimale Eigenkapitalquote, sofern diese unter jener von der Bankenaufsicht gegenwärtig zugelassenen liegt, zu verwirklichen. Einheitliche Aufschlagssätze würden in diesem Falle die Sparkassen im Wettbewerb benachteiligen. Bei der Festlegung von Aufschlagssätzen für nachrangiges Haftkapital müßte demnach eine Differenzierung der Sätze vorgenommen werden, wobei den Sparkassen immer dann, wenn sie mit Eigenkapitalrestriktionen belastet sind, höhere Aufschlagssätze zuerkannt werden müßten.

Zusammenfassung

(1) Die ,wettbewerbspolitische Debatte' im Zusammenhange mit der Frage nach einer sachgerechten Definition des haftenden Eigenkapitals in § 10 Abs. 2 KWG vollzieht sich auf zwei Ebenen.

Auf einer ersten Ebene steht die Frage zur Diskussion, ob und inwieweit es zweckmäßig ist, bei der Formulierung bankenaufsichtlicher Normen, die gewerbepolizeilichen Zielen dienen, wettbewerbspolitische Argumente in die Überlegungen einzubeziehen.

Auf einer zweiten Ebene wird die Frage diskutiert, welche wettbewerblichen Auswirkungen als Folge einer Durchsetzung der verschiedenen Vorschläge zu § 10 Abs. 2 KWG für die einzelnen Gruppen von Kreditinstituten zu erwarten und wie diese wettbewerbspolitisch zu beurteilen sind.

(2) Eine Untersuchung der Frage nach der Zweckmäßigkeit der Berücksichtigung wettbewerbspolitischer Argumente in der Diskussion um die Reform des § 10 KWG führt zu folgenden Ergebnissen.

Es ist grundsätzlich ein Gebot rationaler Wirtschaftspolitik, die Nebenwirkungen wirtschaftspolitischer Maßnahmen zu erfassen und bei der Bewertung dieser Maßnahmen ins Kalkül zu ziehen. Deshalb fordert rationale Wirtschaftspolitik, die wettbewerblichen Auswirkungen, die sich bei der Durchsetzung der verschiedenen Vorschläge zu § 10 Abs. 2 KWG ergeben, zu erfassen, zu bewerten und — soweit wettbewerbspolitisch relevant — im Zusammenhange mit der Reform angemessen zu berücksichtigen.

Daraus folgt jedoch nicht, daß bei der Neuformulierung des § 10 Abs. 2 KWG nur solche Reformvorschläge berücksichtigt werden dürften, die als ,im Ergebnis wettbewerbsneutral' angesehen werden können. Die Erfahrung und auch eine kritische Betrachtung der Behandlung, die die Bankenstrukturkommission den vorliegenden Reformvorschlägen zuteil werden läßt, macht nämlich deutlich, daß bei einer Verquickung des eigentlichen gewerbepolizeilichen Ziels eines verstärkten Gläubigerschutzes mit wettbewerbspolitischen Zielen die Verwirklichung sachgerechter, im Sinne gewerbepolizeilich effizienter Lösungen gefährdet und eine Gewährleistung der strukturellen Besonderheiten der verschiedenen Gruppen von Kreditinstituten in Frage gestellt werden kann.

Unter diesen Bedingungen erscheint es im Interesse sachgerechter Lösungen zweckmäßig, bei der Neuformulierung des § 10 KWG die wettbewerbspolitischen Auswirkungen einer Durchsetzung der verschiedenen Vorschläge unmittelbar zu vernachlässigen und die Korrektur unerwünschter wettbewerblicher Folgen im Zusammenhange mit anderen Regelungen vorzunehmen. Dieses Verfahren ist immer dann angebracht, wenn das wirtschaftspolitische Problem, gleichzeitig das gewerbepolizeiliche Ziel, den Gläubigerschutz zu erhalten respektive zu verstärken, und das wettbewerbspolitische Ziel, Wettbewerbsverzerrungen im Kreditgewerbe zu vermeiden respektive aufzulösen, zu verwirklichen, eine (rekursive) Struktur aufweist derart, daß mit Rückwirkungen wettbewerbspolitischer Maßnahmen auf die Wirksamkeit der Regelungen des § 10 Abs. 2 KWG im Sinne des bankenaufsichtlichen Ziels nicht gerechnet werden muß. Davon auszugehen, gibt es gute Gründe.

(3) Eine Untersuchung der Frage der wettbewerbspolitischen Auswirkungen einer Durchsetzung der verschiedenen Vorschläge zu § 10 Abs. 2 KWG beginnt zweckmäßigerweise mit den wettbewerbspolitischen Beurteilungen der Bankenstrukturkommission, die die Diskussion im Vorfeld der Reform des KWG maßgeblich beeinflußten.

Ausgehend von ihrer Forderung, bei einer Reform des § 10 Abs. 2 KWG nur solche Vorschläge in Betracht zu ziehen, die als ‚im Ergebnis wettbewerbsneutral' angesehen werden können, hat sich die Bankenstrukturkommission mit den wettbewerbspolitischen Implikationen einer weiteren Anerkennung von Haftsummenzuschlägen als haftendes Eigenkapital bei Kreditgenossenschaften sowie einer Anerkennung von Haftungszuschlägen für Anstaltslast und Gewährträgerhaftung bei Sparkassen, von nachrangigem Haftkapital und von Genußscheinkapital befaßt. Sie gelangte dabei in ihrer Mehrheit zu dem Ergebnis, alle diese Vorschläge genügten nicht der Forderung, wettbewerbsneutral zu sein. Deshalb müßten diese Vorschläge bei einer Reform des KWG unberücksichtigt bleiben.

Bei dem Versuch, sich mit den wettbewerbspolitischen Urteilen der Bankenstrukturkommission auseinanderzusetzen, die Voten der Kommission kritisch zu überprüfen, stößt man auf Schwierigkeiten. Die Bankenstrukturkommission verzichtet nämlich auf eine ausdrückliche Definition des Begriffs der Wettbewerbsneutralität, der die Grundlage ihrer wettbewerbspolitischen Urteile bildet, und auch eine eingehende Untersuchung ihrer wettbewerbspolitischen Begründungen für die Ablehnung der verschiedenen Reformvorschläge läßt nicht erkennen, welches wettbewerbspolitisches Konzept und damit welcher Begriff der Wettbewerbsneutralität ihren Bewertungen zugrundeliegt. Es drängt sich sogar der Eindruck auf, daß den wettbewerbspolitischen Aussagen der Kommission ein einheitliches Konzept gar nicht zugrundeliegt, unterschiedliche Reformvorschläge also mit unterschiedlichen Wettbewerbsbegriffen beurteilt werden. Einerseits stützt sich die Bankenstrukturkommission bei der Begründung ihrer wettbewerbspolitischen Urteile ausdrücklich auf Argumente und Ergebnisse der Enquêtekommission der Bundesregierung, so daß die Annahme begründet erscheint, das wettbewerbspolitische Konzept der Enquêtekommission bilde auch die Grundlage für die wettbewerbspolitischen Bewertungen der Bankenstrukturkommission. Auf der anderen Seite jedoch weicht die Kommission bei der Behandlung bestimmter Reformvorschläge, ohne dies allerdings kenntlich zu machen, vom Konzept der Enquêtekommission ab, ja setzt sich sogar in einzelnen Argumenten in Gegensatz zu den entsprechenden Argumenten der Enquêtekommission.

Angesichts dieser Befunde ist man zu der Feststellung genötigt, daß die wettbewerbspolitischen Aussagen der Bankenstrukturkommission in bezug auf die Vorschläge für eine Neuregelung des § 10 Abs. 2 KWG einer wissenschaftlichen Überprüfung unmittelbar entzogen und, solange diese Überprüfung nicht stattgefunden hat, wissenschaftlich unbeachtlich sind.

(4) Eine solche Überprüfung und damit verläßliches Urteil über die wettbewerbspolitischen Auswirkungen der verschiedenen Reformvorschläge zu § 10 Abs. 2 KWG hat ein einheitliches, in seinen Implikationen klares und das ganze kreditwirtschaftliche Umfeld berücksichtigendes wettbewerbspolitisches Konzept zur Voraussetzung. Dieses Konzept kann dann die Grundlage bilden für

(a) eine Bestimmung der Wettbewerbsstellung der verschiedenen Gruppen von Kreditinstituten im Vorfelde einer KWG-Reform und

(b) die Untersuchung der Veränderungen der Wettbewerbsstellung dieser Institutsgruppen, ausgehend von der Statusbestimmung aufgrund der Durchführung der verschiedenen Reformvorschläge.

In der vorliegenden Untersuchung wurde ein solches wettbewerbspolitisches Konzept auf der Grundlage der Vorstellungen der Enquêtekommission unter Verwendung des Ansatzes von Wolfgang Stützel entwickelt und diskutiert.

Grundlegend für dieses Konzept ist die Prämisse, auf der auch die wettbewerbspolitischen Erwägungen der Enquêtekommission in bezug auf öffentlich-rechtliche Kreditinstitute basieren, daß Probleme der Eigenkapitalversorgung öffentlich-rechtlicher Kreditinstitute aufgrund der strukturellen Besonderheiten dieser Institute als wettbewerbspolitisch relevant angesehen werden müssen. Dies bedeutet, daß die für die

Eigenkapitalversorgung öffentlich-rechtlicher Kreditinstitute relevanten gesetzlichen Normen und Verwaltungsmaßnahmen unter Aufrechterhaltung der ‚strukturnotwendigen Besonderheiten' dieser Institute aus wettbewerbspolitischen Gründen so gestaltet werden müssen, daß ein Eigenkapitalwachstum gewährleistet ist, aufgrund dessen das sich im hypothetischen Vergleich ergebende gleichgewichtige Geschäftsvolumenswachstum auch bei den öffentlich-rechtlichen Kreditinstituten verwirklicht werden kann. Wenn diese Bedingung erfüllt ist, sprechen wir davon, daß diese Institute Wettbewerbsvorteile nicht aufweisen. Wettbewerbsnachteile auf Seiten öffentlich-rechtlicher Kreditinstitute liegen vor, wenn das Eigenkapitalwachstum dieser Institute hinter dem gleichgewichtigen Geschäftsvolumenswachstums zurückbleibt. In diesem Falle besteht bei den Instituten eine Eigenkapitalrestriktion, die im hypothetischen Vergleich mit den anderen Kreditinstituten ihren Ausdruck in Wachstums- und Marktanteilsverlusten findet und dazu führen kann, daß diese Institute nicht in der Lage sind, die ihnen übertragenen, im öffentlichen Interesse liegenden Aufgaben wahrzunehmen.

(5) Die auf der Grundlage dieses wettbewerbspolitischen Konzeptes durchgeführte Untersuchung der Wettbewerbsstellung der Sparkassen führt zu dem wohlbegründeten Urteil, daß die Sparkassen unter den gegenwärtigen Bedingungen, insbesondere den geltenden bankenaufsichtlichen Regelungen, gegenüber privaten und genossenschaftlichen Kreditinstituten keine Wettbewerbsvorteile, sondern beachtliche Wettbewerbsnachteile zu verzeichnen haben. Während nämlich die von der Enquêtekommission der Bundesregierung im Jahre 1968 im Rahmen eines hypothetischen Vergleichs ermittelten Wettbewerbsvorteile der Sparkassen aufgrund des besonderen Sicherheitsstatus öffentlich-rechtlicher Kreditinstitute, der einseitigen Einflußnahme öffentlicher Stellen zugunsten von Sparkassen und infolge steuerlicher Privilegien im Laufe der Zeit vollständig abgebaut worden sind — mit dem Subventionsabbaugesetz aus dem Jahr 1981 ist sogar die Gleichstellung in Steuernormen vollzogen worden —, ist eine Gleichstellung in anderen Bereichen, in denen die Sparkassen Nachteile gegenüber privaten und genossenschaftlichen Kreditinstituten haben, ausgeblieben, mit dem Ergebnis, daß die Sparkassen — im hypothetischen Vergleich — nicht in der Lage sind, im Unterschied zu privaten und genossenschaftlichen Kreditinstituten ein dem gleichgewichtigen Geschäftsvolumenswachstum entsprechendes Eigenkapitalwachstum zu verwirklichen.

Ein wichtiger Gesichtspunkt dabei ist, daß die bestehenden bankenaufsichtlichen Regelungen ein den Haftungsbedingungen nach mögliches Absinken der Eigenkapitalquote nicht zulassen. Der angesprochene Nachteil der Sparkassen beruht auf dem Fehlen einer Möglichkeit, sich Eigenkapital von außen zu beschaffen. Während die Sparkassen in bezug auf ihre Eigenkapitalbildung auf die Möglichkeit der Thesaurierung von Gewinnen verwiesen sind, sind private und genossenschaftliche Kreditinstitute grundsätzlich in der Lage, ihr Eigenkapitalwachstum durch die Zuführung von Eigenkapital von außen zu verstärken. Davon machen sie in beachtlichem Umfange tatsächlich Gebrauch. Bei den Sparkassen bleibt der Eigenkapitalzuwachs im Durchschnitt der Jahre, wenn auch geringfügig, hinter dem jeweiligen Betrag der Jahresüberschüsse nach Steuern zurück. Bei Kreditgenossenschaften und der Gruppe der Kreditbanken dagegen übersteigt in der Regel der Eigenkapitalzuwachs den Betrag der Jahresüberschüsse nach Steuern beträchtlich. Diese Institute erhalten also im langjährigen Durchschnitt wesentlich größere Beträge zugeführt als sie an Ausschüttungen vornehmen. Bei den Kreditgenossenschaften betrug der Anteil der Nettozuführungen an Eigenkapital am Eigenkapitalzuwachs im langjährigen Durchschnitt rund 19 % pro Jahr, bei den Kreditbanken sogar etwa 31 %.

Würden private und genossenschaftliche Kreditinstitute bei dieser Eigenkapitalversorgung von außen gerade jenes Eigenkapitalwachstum verwirklichen, das dem gleichgewichtigen Geschäftsvolumenswachstum im hypothetischen Vergleich entspricht, dann wäre der Wettbewerbsnachteil der Sparkassen unter sonst gleichen Bedingungen aufgrund der Beschränkung ihrer Eigenkapitalbildung auf Gewinne bei Aufrechterhaltung der gegenwärtig realisierten Eigenkapitalquoten auf 3 bis 4 %-Punkte bezogen auf die Wachstumsrate des Eigenkapitals, zu veranschlagen. Dies bedeutet, daß die Sparkassen — mindestens auf lange Sicht — bei Fortdauer der gegenwärtigen Bedingungen nicht in der Lage wären, das im hypothetischen Vergleich gleichgewichtige Geschäftsvolumenswachstum zu verwirklichen.

Eine Untersuchung der tatsächlichen Entwicklung der Sparkassen im Vergleich zu jener anderer Gruppen von Kreditinstituten liefert Indizien, die die Behauptung der wettbewerbspolitischen Benachteiligung der Sparkassen aufgrund von Eigenkapitalrestriktionen stützt. Zu den relevanten Fakten gehört u. a., daß die Zahl der Sparkassen, bei denen sich die geschäftsbegrenzende Wirkung des Grundsatzes I in ihrer Geschäftspolitik bemerkbar macht, seit 1968 erheblich zugenommen hat. Während im Jahre 1966 nach den Feststellungen der Enquêtekommission der Bundesregierung etwa 9 % der Sparkassen eine Grundsatz I-Auslastung erreichte, die über dem 15fachen lag, überschritten im Jahre 1981 rund 35 % aller Sparkassen das 16fache nach Grundsatz I. Diese Entwicklung ergab sich, obwohl die Sparkassen — was zugleich als Folge von Eigenkapitalrestriktionen angesehen werden kann — für die Zeit von 1968 bis 1981 einen im Vergleich zu anderen

Kreditinstitutsgruppen deutlichen Verlust an Geschäftsvolumenswachstum hinzunehmen hatten, der sich in einem seit 1968 zu verzeichnenden tendenziellen Verlust an Marktanteilen ausdrückt. Stellt man bei der Ermittlung der Marktanteilsentwicklung auf gleitende Fünf-Jahres-Durchschnitte ab und eliminiert damit weitgehend konjunkturelle und andere temporär wirkende Einflüsse auf die Marktanteile in den einzelnen Jahren, so ergibt sich, daß die Sparkassen seit 1968 permanent Marktanteile in der Größenordnung von insgesamt 1,2 %-Punkten, bezogen auf die Geschäftstätigkeit aller Bankengruppen, verloren haben.

Eine wettbewerbspolitische Bewertung der für die Sparkassen relevanten Vorschläge für eine Neuregelung des haftenden Eigenkapitals in § 10 Abs. 2 KWG hat diesen Feststellungen in bezug auf die gegenwärtige Wettbewerbsstellung der Sparkassen Rechnung zu tragen.

(6) Wettbewerbspolitische Bewertung der Haftzuschlagslösung für Sparkassen: Die Bankenstrukturkommission lehnt mehrheitlich eine Anerkennung von Haftungszuschlägen als haftendes Eigenkapital bei Sparkassen unter anderem aus wettbewerbspolitischen Erwägungen heraus ab. Zur Begründung führt die Kommission an, durch eine solche Anerkennung würde den Sparkassen ein ungerechtfertigter Wettbewerbsvorteil eingeräumt, ‚weil der auf bloßer Annahme beruhende Eigenkapitalteil nicht verzinst zu werden brauchte'. Diese wettbewerbspolitische Bewertung einer Anerkennung von Haftungszuschlägen, die sich auf die Vorstellung einer auf das ‚Nichtverzinsungsprivileg' gestützten potentiell höheren Wachstumsrate des Eigenkapitals der Sparkassen gründet, läßt sich in dieser undifferenzierten Form nicht aufrechterhalten.

Die Kommission vergleicht implizit eine Zunahme des haftenden Eigenkapitals bei einer Sparkasse, die durch eine Anerkennung von Haftungszuschlägen zustande kommt, mit der Zunahme bei einem privaten Kreditinstitut, die sich auf eine Zuführung von Eigenkapital von außen stützt. Das private Kreditinstitut muß das zusätzliche Eigenkapital marktüblich verzinsen; die Sparkasse hingegen wird mit keiner höheren Zinsrechnung konfrontiert. Der Vergleich der Kommission ist unangebracht.

Die Zuführung von Eigenkapital bei dem privaten Kreditinstitut ist mit einem Vermögenstransfer zugunsten des Instituts verbunden, aufgrund dessen sich das Ertragspotential erhöht und die Möglichkeit, höhere Gewinne auszuschütten, verbessert. Auch steigt mit der Eigenkapitalzuführung das Verlustausgleichspotential und die Haftungsbasis verbreitert sich. Eine Anerkennung von Haftungszuschlägen bei Sparkassen bewirkt nichts dergleichen. Der Sparkasse fließt bei der Anerkennung von Haftungszuschlägen kein Vermögen zu und auch das dem Institut unmittelbar verfügbare Verlustausgleichspotential wie auch das Haftungsvolumen, auf das sich die Sparkasse stützen kann, erfährt keinerlei Änderung. Während die Träger des privaten Kreditinstituts mit der Zuführung von Eigenkapital zusätzliche Leistungen für das Institut erbringen, ist dies bei dem Anstaltsträger gegenüber der Sparkasse nicht der Fall. Unter diesen Bedingungen besteht also gar kein Anlaß, in der Unverzinslichkeit ‚eines auf bloßer Annahme beruhenden Eigenkapitalteils' eine Privilegierung der Sparkasse zu sehen.

Im Regelfall ist eine Anerkennung von Haftungszuschlägen als haftendes Eigenkapital bei Sparkassen deshalb — entgegen der Ansicht der Bankenstrukturkommission — wettbewerbspolitisch völlig irrelevant.

Eine Sparkasse, die in ihrer Geschäftspolitik unmittelbar nicht durch bankenaufsichtliche Regelungen beeinflußt wird — man kann dies für solche Sparkassen vermuten, die eine Grundsatz I-Auslastung aufweisen, die unter dem 16fachen liegt; gegenwärtig gilt dies für über 64 % der Sparkassen —, wird durch eine Anerkennung von Haftungszuschlägen in keiner Weise tangiert, unabhängig davon, ob das Institut einer Eigenkapitalrestriktion unterliegt oder nicht. Die Behauptung eines Wettbewerbsvorteils für die Sparkasse aus der Anerkennung von Haftungszuschlägen ist in diesem Falle daher unzutreffend. Unterliegt die Sparkasse infolge einer Eigenkapitalrestriktion einem Wettbewerbsnachteil, so bleibt dieser in vollem Umfange erhalten.

Bedeutung kann eine Anerkennung von Haftungszuschlägen als haftendes Eigenkapital überhaupt nur für jene Sparkassen erlangen, die in ihrer Geschäftspolitik durch die geschäftsbegrenzende Wirkung bankenaufsichtlicher Regelungen, insbesondere der Regelung des Grundsatzes I, beeinflußt werden. Aber auch in diesem Falle ist die Anerkennung von Haftungszuschlägen keinesfalls automatisch mit Wettbewerbsvorteilen für diese Institute verbunden. Solche Vorteile ergeben sich nämlich dann nicht, wenn die optimale Eigenkapitalquote der Sparkasse über jener Quote liegt, die dem 18fachen der risikogewogenen Kredite und Beteiligungen zum haftenden Eigenkapital (ohne Haftzuschläge) entspricht, im Optimum also ein Verhältnis des risikogewogenen Vielfachen an Krediten und Beteiligungen zum haftenden Eigenkapital realisiert wird, das mehr oder weniger deutlich unter dem 18fachen liegt. Die Geschäftsbegrenzung des Grundsatzes I kommt in diesem Falle deshalb zur Geltung, weil das Institut aufgrund des fehlenden Zugangs zu außenfinanziertem Eigenkapital einer Eigenkapitalrestriktion unterliegt, die es — anders als private Kreditinstitute in vergleichbarer Lage — zu dem Versuch zwingt, ein ‚beschränktes Optimum' zu verwirklichen, um Wachstums- und Marktanteilsverluste in

Grenzen zu halten. Aufgrund einer Geschäftspolitik, die auf die Verwirklichung dieses ‚beschränkten Optimums' gerichtet ist, kann das Institut in bezug auf die Einhaltung des Grundsatzes I in Schwierigkeiten geraten. Ein privates Kreditinstitut würde das optimale Vielfache an Krediten und Beteiligungen zum haftenden Eigenkapital durch Zuführung des erforderlichen Eigenkapitals von außen realisieren; bei der Sparkasse, die diese Möglichkeit nicht hat, nimmt der Auslastungsgrad des Grundsatzes I zu. Die Sparkasse stößt u. U. an die Grenze des 18fachen. Es ist zu vermuten, daß die Probleme, die viele Sparkassen unter den gegenwärtigen Bedingungen mit der bankenaufsichtlichen Regelung des Grundsatzes I haben, auf die Existenz von Eigenkapitalrestriktionen zurückzuführen sind. Die Anerkennung von Haftungszuschlägen, die eine Lockerung der geschäftsbegrenzenden Wirkung bankenaufsichtlicher Regelungen impliziert und sich in unserem Wettbewerbskriterium als Möglichkeit erweist, die tatsächliche Eigenkapitalquote (unter Eigenkapital verstehen wir in diesem Zusammenhange das bilanzierte Eigenkapital) absinken zu lassen, führt in diesem Falle zu einem Abbau jener Wettbewerbsnachteile, die der Sparkasse aufgrund der Eigenkapitalrestriktion auferlegt sind und die aus der Geschäftsbegrenzung des Grundsatzes I folgen. Ein vollständiger Abbau der Wettbewerbsnacheile gelingt allerdings dabei nicht, da sich durch eine Anerkennung von Haftungszuschlägen bestehende Eigenkapitalrestriktionen nicht vermindern lassen und deshalb die aus der Eigenkapitalrestriktion resultierenden unmittelbaren Wettbewerbsnachteile aufrechterhalten bleiben. Das von der Bankenstrukturkommission bemühte Zinsargument ist in diesem Falle offensichtlich irrelevant, weil das ‚Nichtverzinsungsprivileg' im Falle einer Eigenkapitalrestriktion voraussetzungsgemäß nicht ausreicht, diese Restriktion zu vermeiden, geschweige denn die Voraussetzungen für eine ‚überproportionale Eigenkapitalexpansion' zu schaffen. Die Behauptung der Bankenstrukturkommission, eine Anerkennung von Haftungszuschlägen erzeuge bei den Sparkassen ungerechtfertigte Wettbewerbsvorteile, ist also auch für diesen Fall unzutreffend.

Nur in einem Falle kann eine Anerkennung von Haftungszuschlägen wettbewerbspolitische Relevanz im Sinne einer Bevorteilung der Sparkassen gewinnen. Aber selbst in diesem Falle wird das von der Kommission vorgebrachte Zinsargument als Begründung eines Wettbewerbsvorteils dem Sachverhalt nicht gerecht. Diesem Falle liegt eine Situation zugrunde, in der die optimale Eigenkapitalquote einer Sparkasse wie die eines privaten Kreditinstituts, das mit der Sparkasse im Wettbewerb steht, unter jener Quote liegt, die dem durch Grundsatz I maximal zugelassenen 18-fachen der risikogewogenen Kredite und Beteiligungen zum Eigenkapital (ohne Haftzuschläge) entspricht, oder, anders herum, das risikogewogene Vielfache an Krediten und Beteiligungen zum haftenden Eigenkapital im Optimum über dem zugelassenen 18fachen liegt. Bei beiden Instituten kommt unter diesen Bedingungen die geschäftsbegrenzende Wirkung des Grundsatzes I zur Geltung. Erfolgt in diesem Falle eine Anerkennung von Haftungszuschlägen bei der Sparkasse, so eröffnet sich für dieses Institut die Möglichkeit, über ein Absinken der tatsächlichen Eigenkapitalquote sich dem geschäftspolitischen Optimum anzunähern. Dem privaten Kreditinstitut hingegen wird diese Möglichkeit vorenthalten.

Sieht man von solchen Kreditinstituten ab, die ohnedies Vorteile gegenüber den Sparkassen deshalb haben, weil bei ihnen ‚freies Vermögen' oder ‚Haftsummenzuschläge' als haftendes Eigenkapital anerkannt werden oder ihnen eine Mehrfachbelegung des haftenden Eigenkapitals möglich ist — für diese Kreditinstitute ist das 18fache des Grundsatzes I, soweit auf das bilanzmäßige Eigenkapital Bezug genommen wird, ohnedies keine geschäftspolitisch relevante Grenze —, so ergibt sich ein Wettbewerbsvorteil für die Sparkasse in diesem Falle dann, wenn der Gewinn an Wachstumspotential aufgrund einer Anerkennung von Haftungszuschlägen den Wettbewerbsnachteil möglicher Eigenkapitalrestriktionen übersteigt. Wann dies allerdings der Fall ist, läßt sich nicht ohne eingehende Prüfung sagen. Um eine eindeutige Antwort geben zu können, wäre es erforderlich, genaue Kenntnis von der Höhe der Eigenkapitalrestriktion bei der Sparkasse zu besitzen. Angesichts der Vielzahl der Ausnahmen, unter denen dieser Fall relevant ist, stellt sich allerdings die Frage, ob eine solche Prüfung überhaupt lohnt.

Unterstellt, es ergebe sich aus der Anerkennung von Haftungszuschlägen ein Wettbewerbsvorteil auf Seiten der Sparkasse gegenüber dem privaten Kreditinstitut, so läßt sich dieser nicht auf das ‚Nichtverzinsungsprivileg' zurückführen, sondern beruht auf der mit der Anerkennung implizierten Konzession, die Eigenkapitalquote unter einen — im hypothetischen Vergleich — für das private Kreditinstitut geltenden Mindestsatz absinken zu lassen. Die Wirkung dieser Konzession kann durch die Zuführung von Eigenkapital bei dem privaten Kreditinstitut nämlich nicht ausgeglichen werden.

Aufgrund unserer Überlegungen wird deutlich, daß — anders als von der Bankenstrukturkommission behauptet — mit Wettbewerbsvorteilen für Sparkassen als Folge einer Anerkennung von Haftungszuschlägen als haftendes Eigenkapital nur unter ganz bestimmten und vermutlich gegenwärtig ziemlich irrelevanten Voraussetzungen zu rechnen ist. Wenn wir nämlich hinzufügen, daß vermutlich bei vielen Sparkassen, die mit Grundsatz I in Konflikt geraten respektive in ihrer Geschäftspolitik durch die geschäftsbegrenzende Wirkung dieses Grundsatzes maßgeblich tangiert werden, die Existenz einer Eigenkapitalrestriktion für diese Probleme verantwortlich zu machen ist, dann kann man annehmen, daß die Zahl der Fälle, bei denen sich aufgrund einer Anerkennung von Haftungszuschlägen Wettbewerbsvorteile für Sparkassen ergeben, klein ist verglichen mit der Zahl der Sparkassen, für die sich aus der Anerkennung von Haftungszuschlägen die Möglichkeit zum Abbau bestehender Wettbewerbsnachteile ergibt.

Man muß sich aber klar machen, daß die Haftzuschlagslösung durchaus nicht alle Eigenkapitalprobleme der Sparkassen löst, weil Haftungszuschläge nicht in der Lage sind, Eigenkapitalrestriktionen und die damit unmittelbar verbundenen Wettbewerbsnachteile abzubauen.

Im übrigen zeigt eine Untersuchung der Frage nach der zweckmäßigen Ausgestaltung der Haftzuschlagslösung, daß unter wettbewerbspolitischen Gesichtspunkten einem prozentualen Aufschlag der Haftzuschläge auf das bilanzmäßig ausgewiesene Eigenkapital der Vorzug vor anderen Lösungen zu geben ist. Die Höhe des erforderlichen Aufschlages hängt unter anderem von der Höhe der Eigenkapitalrestriktionen jener Sparkassen ab, bei denen die geschäftsbegrenzende Wirkung des Grundsatzes I gegenwärtig zur Geltung kommt[1].

(7) Wettbewerbspolitische Bewertung der Dotationskapitallösung. Die Bankenstrukturkommission äußert sich nicht zu der Frage nach den wettbewerbspolitischen Implikationen der ‚Dotationskapitallösung', woraus geschlossen werden kann, daß die Kommission diese Lösung wettbewerbspolitisch für unbedenklich hält. Dies anzunehmen ist jedoch durchaus nicht selbstverständlich und im Falle unzureichender Eigenkapitalversorgung bei den Sparkassen nur dann gerechtfertigt, wenn sich im Zusammenhange mit der Anerkennung von Dotationskapital als haftendes Eigenkapital für die Sparkassen die Möglichkeit eröffnet, bestehende Eigenkapitalrestriktionen abzubauen und dadurch die Voraussetzungen zu schaffen dafür, daß die Institute ihr natürliches Leistungs- und Wachstumspotential zur Geltung bringen und bei gleichgewichtigem Geschäftsvolumenswachstum eine stabile Eigenkapitalstruktur realisieren können. Da aber nach der Bekundung der Enquêtekommission die Träger der Sparkassen rechtlich nicht daran gehindert sind, ihren Instituten das erforderliche Eigenkapital zur Verfügung zu stellen und Dotationskapital, unabhängig davon, daß es in § 10 KWG nicht ausdrücklich angesprochen ist, als haftendes Eigenkapital von der Bankenaufsicht anerkannt wird, sind angesichts der Tatsache, daß diese Eigenkapitalzuführung bislang ausgeblieben ist, Zweifel angebracht,

[1] Zu den relevanten Größenordnungen der erforderlichen Haftzuschlagssätze vgl. unsere Ausführungen auf S. 96 ff.

ob die Dotationskapitallösung ‚im Ergebnis wettbewerbsneutral' ist oder ob es nicht doch bei einer Benachteiligung der Sparkassen bleibt.

Der Umstand, daß es in der Vergangenheit nicht zu der erforderlichen Zuführung von Dotationskapital seitens der Gewährträger gekommen ist, hat sicher mit der für die Sparkassen geltenden Gewinnverwendungsregelung zu tun, aufgrund derer die Zuführung von Eigenkapital regelmäßig Nettobelastungen der Trägerhaushalte impliziert. Aber auch wenn man davon ausgeht, daß nach einer Änderung dieser Gewinnverwendungsregelungen solche Nettohaushaltsbelastungen vermieden werden können, ist damit eine wettbewerbsneutrale Eigenkapitalversorgung für die Sparkassen über die Zuführung von Dotationskapital nicht unbedingt gewährleistet. Sie ist dann nicht gewährleistet, wenn eine stabile Eigenkapitalstruktur mit konstantem Anteil offener Rücklagen am ausgewiesenen Eigenkapital im Gleichgewicht nicht gesichert ist. Die Anerkennung und Einführung von Dotationskapital bringt in diesem Falle eine nur vorübergehende Lösung für die Sparkassen. Wettbewerbspolitische Probleme aufgrund von Eigenkapitalrestriktionen bei den Instituten treten unter diesen Bedingungen spätestens dann wieder in Erscheinung, wenn die Sparkassen im Zusammenhange mit der Bedienung des Dotationskapitals ihre gegenwärtig bestehenden offenen Rücklagen aufgelöst haben.

Die Möglichkeit, daß die Dotationskapitallösung bei Berücksichtigung der Bereitschaft und Fähigkeit der Gewährträger, ihren Instituten das erforderliche Eigenkapital zuzuführen, keine stabile Eigenkapitalstruktur sichert, läßt sich angesichts der Verhältnisse in der Praxis für viele Sparkassen nicht ausschließen und hat an Wahrscheinlichkeit gewonnen, nachdem die steuerliche Belastung des Einkommens der Sparkassen nach Inkrafttreten des Subventionsabbaugesetzes noch zugenommen hat.

(8) Wettbewerbspolitische Bewertung der nachrangigen Haftkapitallösung: Die Bankenstrukturkommission lehnt mehrheitlich die Anerkennung nachrangigen Haftkapitals unter anderem deshalb ab, weil nachrangige Verbindlichkeiten nicht so ausgestaltet werden könnten, daß sie wettbewerbsneutral wirken. Nachrangige Verbindlichkeiten würden nämlich bei Sparkassen risikolos hingegeben, ‚weil die nachrangigen Gläubiger angesichts der Bonität der Gewährträger und deren umfassender Haftung (auch für die Erfüllung nachrangiger Verbindlichkeiten) nicht zu fürchten brauchten, jemals tatsächlich in Anspruch genommen zu werden', während für die nachrangigen Gläubiger privater Banken der Verlust ihrer Gelder nicht ausgeschlossen sei. Die privaten Banken müßten die Anlage von Geld in Form nachrangiger Verbindlichkeiten deshalb durch eine höhere Verzinsung, welche die

echte Risikoübernahme ausgleicht, reizvoll machen. Daraus resultiere eine wettbewerbsmäßige Ungleichheit zu Lasten privater Kreditinstitute.

Die Argumentation der Bankenstrukturkommission bezüglich der wettbewerbspolitischen Implikationen nachrangiger Haftkapitallösungen läßt sich in dieser undifferenzierten Form nicht aufrechterhalten.

Die Diskussion der Möglichkeiten einer Ausgestaltung nachrangiger Haftkapitallösungen bei öffentlich-rechtlichen Kreditinstituten hat deutlich gemacht, daß die Prämisse der Bankenstrukturkommission, nachrangige Verbindlichkeiten würden bei Sparkassen grundsätzlich risikolos hingegeben, unzutreffend ist und sich sehr wohl Lösungen finden lassen, bei denen nachrangige Gläubiger auch bei Sparkassen Risiko übernehmen. Aber auch für den von der Bankenstrukturkommission unterstellten Fall kann die unbedingte Behauptung, eine Anerkennung nachrangigen Haftkapitals als haftendes Eigenkapital bedeute Wettbewerbsvorteile auf Seiten der Sparkassen, nicht akzeptiert werden.

Für die privaten Kreditinstitute können sich aus der Einführung nachrangigen Haftkapitals Vorteile aus zwei Gründen ergeben. Zum einen bedeutet die Aufnahme nachrangiger Verbindlichkeiten bei den privaten Kreditinstituten eine Verstärkung ihrer Haftungsbasis. Aufgrund einer solchen Verstärkung können sich bei entsprechenden Kosten des nachrangigen Haftkapitals verglichen mit jenen des Eigenkapitals im eigentlichen Sinne Auswirkungen auf die optimale und damit auf die tatsächliche Eigenkapitalquote dieser Institute ergeben, woraus sich wiederum vorteilhafte Wirkungen hinsichtlich des Eigenkapitalwachstums ableiten lassen. Nachrangiges Haftkapital ist aus der Sicht der privaten Banken als (wenn vermutlich auch nicht sehr enges) Substitut zum Eigenkapital im eigentlichen Sinne anzusehen.

Zum anderen kann die Anerkennung von nachrangigem Haftkapital und die Aufnahme nachrangiger Verbindlichkeiten eine Lockerung der Geschäftsbegrenzungen, insbesondere im Zusammenhang mit Grundsatz I bedeuten und eröffnet dann jenen privaten Banken, die bei den gegenwärtigen Regelungen in ihrer Geschäftspolitik unter dem unmittelbaren Einfluß des Grundsatzes I stehen, die Möglichkeit, ihr geschäftspolitisches Optimum zu realisieren oder sich diesem doch anzunähern.

Für die Sparkassen ist nachrangiges Haftkapital, das seitens der Gläubiger *risikolos* hingegeben wird, als nahezu vollkommenes Substitut zu Haftzuschlägen anzusehen, weshalb sich in bezug auf die wettbewerbspolitischen Implikationen einer Anerkennung nachrangigen Haftkapitals als haftendes Eigenkapital die gleichen Folgerungen wie im Falle einer Anerkennung von Haftungszuschlägen ergeben.

Dies bedeutet insbesondere, daß eine Anerkennung nachrangigen Haftkapitals für alle jene Sparkassen, die in ihrer Geschäftspolitik nicht unmittelbar durch bankenaufsichliche Regelungen tangiert werden, keinerlei Vorteile mit sich bringt. Sofern diese Institute Wettbewerbsnachteile aufgrund einer Eigenkapitalrestriktion aufzuweisen haben, ändert sich an diesen Nachteilen durch die Anerkennung nachrangiger Verbindlichkeiten nichts. Dies ist Konsequenz des Umstandes, daß nachrangige Verbindlichkeiten bei Sparkassen weder die Haftungsbasis noch das den Instituten unmittelbar verfügbare Verlustausgleichspotential verändern und auch ohne Bedeutung für die sonstigen Determinanten des Eigenkapitalwachstums im Sinne unseres wettbewerbspolitischen Konzeptes sind. Wenn sich bei privaten Kreditinstituten unter sonst gleichen Bedingungen aus der Einführung nachrangigen Haftkapitals Vorteile ergeben, führt eine solche Einführung zugleich und entgegen der Behauptung der Bankenstrukturkommission zu Wettbewerbsvorteilen auf Seiten der privaten Kreditinstitute. Das von der Bankenstrukturkommission vorgebrachte Zinsargument ist in diesem Zusammenhange unmittelbar irrelevant. Ob sich nämlich für die privaten Kreditinstitute aus der Einführung nachrangigen Haftkapitals Vorteile ergeben, hängt nicht vom Verhältnis der Zinssätze für nachrangiges Haftkapital bei privaten Kreditinstituten und Sparkassen, sondern davon ab, wie sich das Substitutionsverhältnis von nachrangigem Haftkapital zum Eigenkapital im eigentlichen Sinne bei privaten Kreditinstituten gestaltet und wie hoch die Kosten des nachrangigen Haftkapitals im Vergleich zu jenen des Eigenkapitals im eigentlichen Sinne bei diesen Kreditinstituten sind.

Eine Anerkennung nachrangigen Haftkapitals als haftendes Eigenkapital, das Risiko nicht übernimmt, hat nur für jene Sparkassen unmittelbar Bedeutung, die in ihrer Geschäftspolitik insbesondere dem Einfluß der Geschäftsbegrenzung des Grundsatzes I direkt unterliegen. Die Anerkennung bedeutet für diese Sparkassen eine potentielle Lokkerung bankenaufsichtlicher Geschäftsbegrenzungen. Sind die Institute einer Eigenkapitalrestriktion unterworfen, so ermöglicht die Anerkennung nachrangiger Verbindlichkeiten als haftendes Eigenkapital bestehende Wettbewerbsnachteile durch Aufnahme nachrangigen Haftkapitals abzubauen, wenn auch nicht zu beseitigen. Eine Beseitigung ist deshalb nicht möglich, weil die Einführung solcher nachrangiger Verbindlichkeiten nichts zum Abbau vorhandener Eigenkapitalrestriktionen selbst beiträgt.

Auch in diesem Falle ist die Behauptung der Bankenstrukturkommission, eine allgemeine Anerkennung nachrangiger Verbindlichkeiten bewirke Wettbewerbsvorteile auf seiten der Sparkassen in der Regel und unabhängig davon, daß die privaten Kreditinstitute nachrangige

Verbindlichkeiten höher verzinsen müssen als Sparkassen, unzutreffend. Als Regelfall wird dabei jener Fall angesehen, bei dem die optimale Eigenkapitalquote der Sparkassen gleich oder größer als die von der Bankenaufsicht im Minimum zugelassene Eigenkapitalquote ist. Der geschäftsbegrenzende Einfluß des Grundsatzes I in Verbindung mit § 10 Abs. 2 KWG ist unter diesen Bedingungen Folge der Eigenkapitalrestriktionen der Sparkassen. In allen anderen Fällen, bei denen die optimale Eigenkapitalquote sowohl der Sparkassen als auch der privaten Kreditinstitute unter jener minimalen Eigenkapitalquote der Bankenaufsicht liegt, ist unter den angenommenen Bedingungen einer Eigenkapitalrestriktion auf Seiten der Sparkassen kein eindeutiges wettbewerbspolitisches Urteil über die betrachtete nachrangige Haftkapitallösung ohne weiterreichende Informationen, insbesondere in bezug auf das Ausmaß der wettbewerblichen Benachteiligung der Sparkassen aufgrund fortbestehender Eigenkapitalrestriktionen einerseits und der Unterschiede in der Verzinsung nachrangiger Verbindlichkeiten bei privaten Kreditinstituten und Sparkassen andererseits, möglich. Ergänzend ist anzumerken, daß sich dieser Vergleich privater Kreditinstitute mit Sparkassen nur auf solche privaten Kreditinstitute bezieht, bei denen das ‚freie Vermögen' oder ‚Haftsummenzuschläge' nicht als haftendes Eigenkapital anerkannt werden. Kreditinstitute, bei denen eine solche Anerkennung als haftendes Eigenkapital erfolgt, sind in dem gekennzeichneten Falle einer effektiven Geschäftsbegrenzung aufgrund bankenaufsichtlicher Regelungen ohnedies als wettbewerblich bevorteilt anzusehen.

Die Behauptung von Wettbewerbsvorteilen bei den Sparkassen im Falle einer Anerkennung nachrangigen Haftkapitals als haftendes Eigenkapital, die die Bankenstrukturkommission veranlaßte, nachrangige Haftkapitallösungen aus wettbewerbspolitischen Gründen abzulehnen, ist nach unserer Untersuchung nur in einem einzigen Falle wirklich zweifelsfrei begründet. Dieser Fall ist durch die sehr restriktiven Bedingungen gekennzeichnet, daß bei den Sparkassen Eigenkapitalrestriktionen nicht vorliegen, die Einführung nachrangiger Verbindlichkeiten bei privaten Kreditinstituten ohne Auswirkungen auf die optimale Eigenkapitalquote bleibt und private Kreditinstitute wie Sparkassen in gleichem Umfange in ihrer Geschäftsentwicklung durch die Regelung des Grundsatzes I in Verbindung mit § 10 Abs. 2 KWG effektiv beschränkt werden. Nicht in den Vergleich einbezogen sind dabei wiederum auf Seiten privater Kreditinstitute solche Institute, bei denen das ‚freie Vermögen' oder ‚Haftsummenzuschläge' als haftendes Eigenkapital anerkannt werden. In diesem und nur in diesem Falle kommt das von der Bankenstrukturkommission ausschließlich ins Feld geführte Zinsargument entscheidend zum Tragen. Die Anerkennung nachrangigen Haftkapitals als haftendes Eigenkapital erweitert den geschäftspolitischen Spielraum für private Kreditinstitute wie für Sparkassen. Die mögliche Zunahme des Eigenkapitalwachstums bei privaten Kreditinstituten bleibt jedoch infolge der höheren Zinssätze auf nachrangige Verbindlichkeiten hinter jener der Sparkassen zurück.

Dies wirft die Frage auf, mit welchen Größenordnungen bezüglich der Wettbewerbsvorteile auf Seiten der Sparkassen in diesem besonderen Falle gerechnet werden kann. Wir haben versucht, eine Abschätzung dieser Vorteile vorzunehmen, dabei ergab sich, daß unter einigermaßen realistischen Annahmen — in bezug auf die Zinssätze für nachrangige Verbindlichkeiten bei privaten Kreditinstituten wurde davon ausgegangen, daß diese im Normalfall um maximal 1 bis 2 %-Punkte über denen entsprechender Verbindlichkeiten liegen, die aber Risiko nicht tragen — der ‚Wachstumseffekt‘ einer Lockerung der Geschäftsbegrenzungen nach Grundsatz I in Verbindung mit einer reformierten Regelung des § 10 Abs. 2 KWG, der privaten Kreditinstituten wie Sparkassen in gleicher Weise zugutekommt, ein Vielfaches (in einer Größenordnung, die über dem 10fachen liegt) des wettbewerbspolitisch relevanten, von der Bankenstrukturkommission betonten ‚zinsbedingten Wachstumseffekts‘ ist. Dies bedeutet, daß dieser ‚zinsbedingte Wachstumseffekt‘ von der Größenordnung her im allgemeinen vernachlässigt werden kann.

Angesichts dieser Ergebnisse erscheint das von der Mehrheit der Bankenstrukturkommission im Zusammenhang mit der nachrangigen Haftkapitallösung ausschließlich vorgetragene wettbewerbspolitische Argument gegen eine Anerkennung nachrangiger Verbindlichkeiten, insbesondere wenn man es vor dem Hintergrund bestehender Wettbewerbsverhältnisse im deutschen Kreditgewerbe sieht, überzogen und die wettbewerbspolitische Beurteilung der nachrangigen Haftkapitallösung, sofern nachrangige Verbindlichkeiten bei Sparkassen Risiko nicht übernehmen, in ihrer undifferenzierten Form unhaltbar.

Diese Überlegungen bezogen sich auf den Fall, daß nachrangiges Haftkapital bei Sparkassen — wie von der Bankenstrukturkommission unterstellt — Risiko faktisch nicht übernimmt. Diesem Falle gleichzustellen ist Genußscheinkapital, sofern man die Prämissen der Bankenstrukturkommission in bezug auf die Ausgestaltung von Genußscheinkapital akzeptiert. Die Genußscheinkapitallösung bedarf deshalb keiner besonderen Behandlung unter wettbewerbspolitischen Gesichtspunkten.

Anders verhält es sich mit solchem nachrangigen Haftkapital, das auch bei öffentlich-rechtlichen Kreditinstituten Haftungsfunktion übernimmt. Bei dem von Prof. Gessler betrachteten Fall nehmen die nachrangigen Gläubiger nach Einschränkung der Gewährträgerhaftung und

Anstaltslast sogar am laufenden Verlust teil. Die Gläubiger werden immer dann in Anspruch genommen, wenn auch die Gewährträger aus der Anstaltslast zum Ausgleich von laufenden Verlusten herangezogen werden. Es ist einleuchtend, daß unter diesen Bedingungen das von der Mehrheit der Bankenstrukturkommission vorgebrachte Wettbewerbsargument unterschiedlicher Zinsbelastungen der Sparkassen und privaten Kreditinstitute in bezug auf nachrangige Verbindlichkeiten hinfällig ist respektive sich sogar umkehrt. Denn es muß damit gerechnet werden, daß die Zinssätze für nachrangige Verbindlichkeiten bei Sparkassen, bei denen sie zum Ausgleich laufender Verluste herangezogen werden, höher liegen werden als die Zinssätze auf nachrangiges Haftkapital bei privaten Kreditinstituten, wenn die nachrangigen Gläubiger nur im Konkursfalle nach den Anteilseignern haften.

Nachrangiges Haftkapital, das Risiko bei Sparkassen übernimmt, hat eine andere Qualität als nachrangige Verbindlichkeiten, bei denen dies nicht der Fall ist, weil die Aufnahme nachrangigen Haftkapitals das den Sparkassen unmittelbar verfügbare Verlustausgleichspotential beeinflußt. Solches Haftkapital kann deshalb vorteilhafte Auswirkungen auf die optimale und die tatsächliche Eigenkapitalquote der Sparkassen haben und damit Bedeutung auch für die Höhe bestehender Eigenkapitalrestriktionen erlangen.

Eine genauere Betrachtung insbesondere der von Professor Gessler vorgeschlagenen Lösung zeigt indes, daß sich die eventuellen Vorteile einer Aufnahme nachrangigen Haftkapitals bei den Sparkassen vermutlich in engen Grenzen halten. Dafür gibt es mehrere Gründe. Zunächst ist zu berücksichtigen, daß — anders als bei privaten Kreditinstituten — mit der Einführung nachrangiger Verbindlichkeiten (nach der erforderlichen Einschränkung der Gewährträgerhaftung und Anstaltslast)unmittelbar keine Verstärkung der Haftungsbasis für die Sparkassen verbunden ist, sondern nur eine partielle Substitution der Haftungsgeber erfolgt. Ferner ist in Betracht zu ziehen, daß sich, jedenfalls bei dieser Lösung, nach der die nachrangigen Gläubiger immer dann zum Ausgleich von Verlusten herangezogen werden, wenn auch die Gewährträger in Anspruch genommen werden, die Wahrscheinlichkeit für diese Inanspruchnahme der Anstaltsträger nicht vermindert, wenn auch die von den Trägern einzuschießenden Beträge abnehmen werden. Die Wahrscheinlichkeit für eine Inanspruchnahme kann unter bestimmten Umständen sogar noch zunehmen dann, wenn die nachrangigen Verbindlichkeiten mit festem Zinssatz bedient werden müssen.

Angesichts dieser Verhältnisse muß davon ausgegangen werden, daß von der Einführung nachrangiger Verbindlichkeiten bei Sparkassen, die Risiko übernehmen, im allgemeinen keine entscheidenden Beiträge zum Abbau bestehender Eigenkapitalrestriktionen und damit verbundener Wettbewerbsnachteile zu erwarten sind. Die nachrangige Haftkapitallösung kann deshalb, insbesondere wenn einheitliche Aufschlagssätze auf das reguläre Eigenkapital für alle Kreditinstitutsgruppen festgelegt werden, kaum als wettbewerbsneutrale Lösung angesehen werden.

Summary

The object of this study is an assessment from the standpoint of competition policy of the new arrangements for the liable net worth of savings banks proposed in the current debate on a reform of Art. 10, para. 2 of the banking act.

The analysis starts out with comments on the question of the expedience of including competition aspects in the debate on the reform of an act designed for the regulation of commerce.

Following a critical review of the judgments on competition policy issued by the commission on banking structure in 1979, which prove to be unsusceptible of direct scientific scrutiny because no clear, unequivocal concept of competition is to be found in the commission's statements, a suitable concept of competition is developed. Starting out from the conceptions of the Federal government's commission of inquiry and building up on Wolfgang Stützel's analytical approach, Stützel's approach is broadened and a concept of competition for a growing banking sector is derived, which forms the basis for

(1) a study of competitive conditions in German banking, especially the competitive position of the savings banks under the currently prevailing conditions after the transition to full taxation of the savings banks,

(2) and, on the basis of the conclusions arrived at with respect to the competitive position of the savings banks, a study of the impact on competition of the adoption of the various proposals for new regulations concerning the liable net worth of the savings banks.

The detailed study of competitive conditions on the basis of hypothetical comparisons of private banks and savings banks gives grounds for the well-founded assumption that after abolition of the competitive advantages found by the commission of inquiry in 1968, the savings banks are now, following the creation of otherwise equal conditions, handicapped in competing with private banks on account of their lack of access to externally financed equity capital. It must be assumed that in the case of a considerable number of savings banks — which will presumably increase in the next few years in view of the new tax regulations — this handicap will find expression in net worth restrictions which limit the business expansion potential of those institutions both directly and, in view of Principle I of the banking supervisory authority in conjunction with the current provisions of Art. 10, para 2 of the banking act, indirectly.

The direct consequences of the net worth restrictions for the business expansion potential of the savings banks, and the competitive disadvantages involved, can be eliminated only by removal of the net worth restrictions themselves. Such a relaxation of restrictions can be achieved theoretically by the provision of new capital and/or the recognition and provision of lower-ranking equity capital which assumes a risk. However, it would seem reasonable to doubt whether, in the light of local government budget problems, the "contributed capital solutions" which can be practically considered are sufficient to place the savings banks permanently on an equal competitive footing with private and co-operative banking institutions, since presumably stable equity capital structures of the savings banks cannot be reckoned with in many cases. Whether lower-ranking risk capital is capable of eliminating entirely the existing net worth restrictions and the related competitive disadvantages depends on the conditions under which such lower-ranking risk capital is provided and hence on the substitution ratio between equity capital in the true sense and such lower-ranking risk capital.

Since supplementary warranty funds, lower-ranking risk capital and profit-participating certificate capital, where the last-named bears no risk, differ from contributed capital in that they make no contribution to the loss-offsetting potential directly available to the savings banks, recognition of supplementary warranty funds, lower-ranking liable capital or profit-participating certificate capital cannot enable prevailing net worth restrictions to be relaxed. However, with an appropriate dosage of measures such recognition may well offset the indirect effects of the net worth restrictions deriving from Principle I of the banking supervisory authority in conjunction with the prevailing formulation of Art. 10, para. 2 of the banking act and thereby make a substantial contribution to placing the savings banks on an equal competitive footing with other banking institutions as far as the regulations of the banking supervisory authority are concerned.

Résumé

L'étude traite de l'appréciation d'un point de vue de politique de concurrence des nouvelles dispositions relatives au capital propre de garantie des caisses d'épargne proposées dans le cadre de l'actuel débat sur une réforme du paragraphe 10, alinéa 2 de la législation bancaire.

L'analyse est introduite par un avis sur la question de l'opportunité d'intégrer des aspects de politique de concurrence dans les discussions d'une nouvelle réglementation qui poursuit des objectifs d'organisation de la profession.

Après un examen critique des jugements de politique de concurrence de l'année 1979 de la Commission de structure bancaire qui démontre qu'ils échappent à toute vérification scientifique immédiate parce qu'on ne décèle pas de concept concurrentiel clair et net dans les considérations de la Commission, les auteurs s'attachent à développer pareil concept. Au départ des idées de la Commission d'enquête du gouvernment fédéral et de l'hypothèse analytique de Wolfgang Stützel, l'on dérive en amplifiant l'hypothèse de Stützel un concept du concurrence pour une économie de crédit en expansion qui constitue le fondement

(1) d'une étude des rapports de concurrence dans le secteur bancaire allemand, et notamment de la position compétitive des caisses d'épargne dans les conditions prévalant aujourd'hui à la suite de leur assujetissement à l'impôt des sociétés de droit commun, et,

(2) sur base de ces conclusions rapportées à la position concurrentielle des caisses d'épargne, d'un examen des effets de politique de concurrence de la réalisation des diverses propositions de nouvelle réglementation du capital propre de garantie des caisses d'épargne.

L'étude détaillée des rapports de concurrence sur la base de comparaisons hypothétiques entre les établissements bancaires privés et les caisses d'épargne autorise la supposition fondée que les caisses d'épargne, après la suppression des avantages concurrentiels constatés en 1968 par la Commission d'enquête, sont alors que toutes les autres conditions sont devenues égales défavorisées à l'égard de leurs compétiteurs par défaut d'accès au capital propre de financement externe. L'on peut estimer que ce désavantage se traduise, compte tenu des nouvelles dispositions fiscales, probablement en d'importantes restrictions de fonds propres pour un nombre croissant de caisses d'épargne au cours des prochaines années, lesquelles restrictions réduiront directement et, en liaison avec le principe I du contrôle du paragraphe 10, alinéa 2, de la législation bancaire, indirectement les possibilités de déploiement opérationnel de ces établissements.

Les effet immédiats des restrictions de capital propre sur les possibilités de développment des affaires des caisses d'épargne et les désavantages concurrentiels qu'ils recèlent ne peuvent être écartés que par l'élimination des restrictions précitées mêmes. Cette élimination peut théoriquement s'obtenir par l'augmentation du capital de dotation ou par l'admission et le versement de capital subordonné qui endosse le risque de garantie. L'on émettra cependant certains doutes en raison de la situation budgétaire des municipalités sur la capacité des „solutions d'augmentation du capital de dotation" d'établir pratiquement une égalité concurrentielle durable entre les caisses d'épargne et les établissements bancaires privés et coopératifs, car on ne pourra vraisemblablement compter sur une structure stable des fonds propres auprès des caisses d'épargne. Quant à savoir si le capital subordonné endossant le risque de garantie est à même de supprimer totalement les restrictions de capital propre et les désavantages concurrentiels qui en dérivent, cela dépend des conditions d'obtention de ce capital subordonné ,et donc du rapport de substition établi entre les fonds propres au sens propre et parail capital subordonné.

Comme les versements complémentaires de garantie, les capitaux subordonnés et les certificats de capital de participation, ces derniers n'endossant pas de risque, n'apportent pas, à l'opposé du capital de dotation, des contributions à la hauteur du potentiel de perte immédiat des caisses d'épargne, la légalisation des versements complémentaires, du capital subordonné et des certificats de participation ne permet pas la suppression des restrictions existantes de capital propre. Pareille légalisation peut néanmoins par un dosage approprié des mesures éliminer les effets indirects des restrictions de capital propre liés au principe I du contrôle du paragraphe 10, alinéa 2, de la législation bancaire, et apporter ainsi une contribution non négligeable à l'assimilation concurrentielle des caisses d'épargne aux autres établissements bancaires pour ce qui concerne les dispositions de surveillance.

Literaturverzeichnis

Bundesministerium der Finanzen (Hrsg.): Grundsatzfragen der Kreditwirtschaft — Bericht der Studienkommission —, Schriftenreihe des Bundesministeriums der Finanzen, Heft 28, Bonn 1979

Bundesministerium der Finanzen: Entwurf eines Dritten Gesetzes zur Änderung des Gesetzes über das Kreditwesen, Frühjahr 1982

Bundesverband deutscher Banken: Neue Privilegien für die öffentliche Kreditwirtschaft?, Köln 1982

Deutsche Bundesbank: Die Ertragslage der Kreditinstitute im Jahre 1980, in: Monatsberichte der Deutschen Bundesbank, 33. Jg., Nr. 8, August 1981, S. 12 ff.

— Geschäftsbericht der Deutschen Bundesbank für das Jahr 1981, Frankfurt 1982

Deutscher Bundestag (Hrsg.): Bericht der Bundesregierung über die Untersuchung der Wettbewerbsverschiebungen im Kreditgewerbe und über eine Einlagensicherung, Bundestagsdrucksache V/3500, November 1968

Deutscher Sparkassen- und Giroverband (Hrsg.): Die Eigenkapitaldiskussion — Dokumente für den Haftungszuschlag, in: Sparkasse, Heft 4 (1982), Sonderdruck

Geiger, Helmut: Zukunftsmodelle für öffentlich-rechtliche Banken, in: Börsenzeitung vom 3. 2. 1977

— Die Struktur der deutschen Sparkassenorganisation vor dem Hintergrund der Bankenstrukturdebatte, in: Lernen und Entscheiden, Hrsg. Deutscher Sparkassen- und Giroverband e. V. Bonn, Stuttgart 1978

Gessler, Ernst: Die zukünftige Bankengesetzgebung aus der Sicht der Bankenstrukturkommission, unveröff. Manuskript 1980

Grasmaier, Fritz: Sparkassen diskutieren Zufuhr von Eigenkapital, in: Handelsblatt vom 30. 3. 1977

Güde, Udo: Geschäftspolitik der Sparkassen, Stuttgart 1975

Hartmann, Manfred: Ökonomische Aspekte der Reform des KWG, Stuttgart 1977

Holdijk, Rudolf: Eigenkapitalprobleme der deutschen Sparkassen, Wiesbaden 1979

Köppen, Joachim von: Das Eigenkapital der Kreditinstitute, Wiesbaden 1966

Krümmel, Hans-Jacob: Bankpolitische Normen und ihre Wirkungen auf das Bankgeschäft, in: Kredit und Kapital, 8. Jg. (1975), S. 524 ff.

Kurze, Thomas: Probleme und Verbesserungsmöglichkeiten der Eigenkapitalausstattung kommunaler Sparkassen, Aachen 1977

Meyer-Köster, Jürgen: Die Sonderstellung der Sparkassen im Wettbewerb, Göttingen 1979

Oberkönig, Peter: Steuerbelastung und Steuerpolitik von Universalbanken, Köln 1979

Siebel, Ulf, R.: Eigenkapital und Quasi-Eigenkapital von Kreditinstituten, Frankfurt 1980

Sonntag, Horst: Eigenkapital und Wachstum der Kreditinstitute, Wiesbaden 1982

Stützel, Wolfgang: Die Aufgaben der Banken in der Wirtschaftsordnung der Bundesrepublik und die demgemäß anzustrebende Organisation des Bankenapparates, unveröff. Manuskript 1964

— Bankpolitik heute und morgen, Frankfurt 1964

Tochtermann, Axel: Der Haftsummenzuschlag der Kreditgenossenschaften als haftendes Eigenkapital im Sinne des KWG, Göttingen 1980

Viehoff, Felix: Eigenkapitalausstattung und Haftsummenzuschlag bei den Genossenschaftsbanken, in: ZfgG Bd. 30 (1980), S. 207 ff.

Welcker, Johannes: Neuordnung der Bankenaufsicht, Frankfurt 1978

Sachwortverzeichnis

FSC
www.fsc.org
MIX
Papier | Fördert gute Waldnutzung
FSC® C083411

Kolibri 360 GmbH
Ferdinand-Jühlke-Straße 7
99095 Erfurt, Deutschland
produktsicherheit@kolibri360.de

Druck:
CPI Druckdienstleistungen GmbH
im Auftrag der
Kolibri 360 GmbH
Ferdinand-Jühlke-Str. 7
99095 Erfurt